水戸殿
加賀
御蔵

目次

耳嚢で訪ねる

もち歩き 裏江戸東京散歩

目　次

本書の使い方・凡例 ……………………………………………2

1.御曲輪内大名小路絵図 ……………………………………5
あすは川亀怪の事 5／雷の落ちんとする席に焚火燃えざる事 6

2.麴町永田町外桜田絵図 ……………………………………9
怪棒の事 9／蛇を養いし人の事 10／土中より鯉を掘り出せし事 10

3.東都番町大絵図 …………………………………… 13,17
番町にて奇物に逢う事 13／古石の手水鉢怪の事 13／夢中鼠を呑む事 13
猫の怪異の事 17／小児行衛を暫く失う事 17／貒といえる妖獣の事 18／蛙合戦笑談の事 18

4.飯田町駿河台小川町絵図 ……………………………… 21,25
狸僕を欺き天命を失う事 21／非情の者恩を報ずる事 21／火災に感通の占ある事 22
遊魂をまのあたり見し事 22／関羽の像奇談の事 25／才能不埒をおぎなうの事 26

5.日本橋北内神田両国浜町明細絵図 ……………………… 29
怪病の沙汰にて果福を得し事 29／怪談そのよる所ある事 30

6.八町堀霊岸嶋日本橋南之絵図 ……………………………33
不死の運奇談の事 33／狐祟りの事 34／不思議に失いし子に逢う事 34

7.京橋南築地鉄炮洲絵図 ……………………………………37
房斎新宅怪談の事 37／村政の刀御当家にて禁じ給う事 37

8.芝口南西久保愛宕下之図 …………………………………41
蘇生の人の事 41／非情といえども松樹不思議の事 41／奇石鳴動の事 42

9.今井谷六本木赤坂絵図 ……………………………………45
芸州引馬山妖怪の事 45／蘇生せし老人の事 45

10.千駄ヶ谷鮫ヶ橋四ッ谷絵図 ………………………………49
幽魂貞心孝道の事 49／幽霊を煮て喰いし事 50

11.市ヶ谷牛込絵図 ……………………………………………53
狐痛所を外科に頼みその恩を報ぜし事 53／旋風怪の事 54／猫物をいう事 54

12.礫川牛込小日向絵図 ……………………………… 57,61
真木野久兵衛町人へ剣術師範の事 57／天理にその罪遁れざる事 58
怪竈の事 61／吝嗇翁迷心の事 62／御府内奇石の事 62

13.東都小石川絵図 ……………………………………………65
荒木坂下妖怪の事 65／意念奇談の事 65

14. 小石川谷中本郷絵図 ………………………………………69
恩愛奇怪の事 69／死霊その血縁をたちし事 69

15. 東都下谷絵図 ………………………………………… 73,77
霊気狐を頼み過酒を止めし事 73／水神を夢みて幸いを得し事 74／賤妓家福を得し事 77
神隠しというたぐいある事 77

16. 東都浅草絵図 ………………………………………………81
雷も侠勇に勝たざるの事 81／幽霊なしともきめ難き事 81

17. 今戸箕輪浅草絵図 …………………………………………85
信心によりて危難を免れし由の事 85／頭痛の神の事 85

18. 本所絵図 …………………………………………… 89,93
嘉例いわれあるべき事 89／地蔵の利益の事 89／狐つき奇異をかたりし事 93／怪倉の事 93

19. 本所深川絵図 ………………………………………97,101
赤坂与力の妻亡霊の事 97／怨念これ無きともきめ難き事 98／河童の事 98
小はた小平次事実の事 101

20. 芝三田二本榎高輪辺絵図 …… 105,109
品川にてかたり致せし出家の事 105／沢庵漬の事 106
熊本城内狸の事 109／小刀銘の事 110
21. 東都麻布之絵図 …… 113
幽鬼奇談の事 113
22. 目黒白金図 …… 117
悪気人を追う事 117／目黒不動門番の事 118
23. 東都青山絵図 …… 121
陰徳陽報疑いなき事 121／怪妊の事 122
24. 内藤新宿千駄ヶ谷辺図 …… 125
相馬家の家風非常の事 125／痴狸油に酔うて死を致す事 125／小笠原鎌太郎屋敷墓の怪の事 126
25. 牛込市谷大久保絵図 …… 129
外山屋敷怪談の事 129／修験忿恚執着の事 129／久貝氏狸を切る事 130／若松町化け杏樹の事 130
26. 雑司ヶ谷音羽絵図 …… 133
鱣魚の怪の事 133／武家の抱屋敷にて古碑を掘り得し事 134
27. 東都駒込辺絵図 …… 137
雷公は馬に乗り給うという話の事 137／猫人につきし事 138／死馬怨魂の事 138
28. 染井王子巣鴨辺絵図 …… 141
板橋辺縁切り榎の事 141
29. 根岸谷中日暮里豊島辺図 …… 145
下賤の者は心ありて召仕うべき事 145
30. 隅田川向嶋絵図 …… 149
計らず詠める歌に奇怪をいう事 149／押上妙見鐘銘奇談の事 149

●**項目索引** …… 152

☒ はじめに

『耳嚢（耳袋）』とは、江戸後期の幕臣根岸鎮衛による街談巷説奇聞の類を集めた随筆です。著者の鎮衛は佐渡奉行、勘定奉行を経て、寛政十年（1798）に南町奉行となり、名奉行として有名な人物でした。その彼が、「営中勤仕のいとま古老の物語或は閑居へ訪来る人の雑談、耳にとどまりて面白きと思ひし事ども…」を集め、天明年間から文化年間の約三十年間書き綴り、全十巻、約千話の随筆集としました。その内容は怪談奇談から犯罪、人情話、教訓話など、江戸時代の様々な噂話が集められています。本書はその中から、狐狸妖怪、怪談奇談を中心に取り上げ、江戸時代の古地図（江戸切絵図）ごとに分けて現代語訳で紹介しています。また、江戸東京に残る怪談奇談、妖怪、伝説、事件の地など、『耳嚢』的スポットを歴史ガイドとして掲載。「表」の歴史では語られない「裏」の江戸東京を『耳嚢』とともに散歩できるように構成してあります。

☒ 『尾張屋（金鱗堂）板・江戸切絵図』について

宝暦頃から、江戸の地形に従って分割した図（割り絵図）が作られるようになり、嘉永（1848～53年）の頃には、ほぼ江戸市街の全域を網羅した大揃えのセット図が出版されるようになりました。尾張屋板は、数少ないセット図のうちもっとも色彩に富んだ錦絵風の切絵図です。図中には神社などが絵画風に描かれ、大名武家屋敷や神社仏閣ばかりか町名、道筋、通り名、さらに著明な料理屋などにいたるまで多数記載されており、江戸の観光ガイド図として、見やすく使いやすい表現が配慮されています。方角にはこだわらない実用性を第一とした絵図のため、現代の地図のように必ずしも北が上とは決まっていません。

☒ 本書の使い方

本書は各切絵図と現代図を対照して見ることができるように構成されています。ご覧になられる際は、折込まれた各切絵図・現代図を開いてご使用下さい。

『耳嚢』略号

現代語訳『耳嚢』の文頭と切絵図上のポイント番号脇に印した略号は、以下のジャンルを示す。

動物の怪　妖怪　幽霊
怪異　その他

江戸切絵図

『尾張屋板江戸切絵図』。現代図と対照している。

『耳嚢』・歴史ガイド

対照している切絵図・現代図についての現代語訳『耳嚢』と歴史ガイドページ。切絵図・現代図両方にポイント番号を掲載。

現代図

切絵図に対応した範囲を切り出した現代図。

☒ 現代図について

…… 現代図は『江戸切絵図』とほぼ近い地域を図取りした。さらにグラデーションの枠で『江戸切絵図』の範囲と同じ場所を囲んでいる。

…… 『江戸切絵図』と現代図の道路が一致する箇所は、道を黄色で着色した。ただし、切絵図の道路は現代の実測図と完全には重ならないので、おおむねの推定道路として示している。

卍 築地本願寺（西本願寺） …… 『江戸切絵図』に記載され、かつ現存している寺社・史跡などは、赤字で表記。現代図と切絵図で名称が違っている場合（旧字の使用、別称など）は、カッコ内に切絵図での名称を記載した。

胸突坂（ムネツキサカ） …… 『江戸切絵図』に記載され、かつ現存している坂・橋などは 橙字で表記。現代図と切絵図で名称が違っている場合（旧字の使用、別称など）は、カッコ内に切絵図での名称を記載した。

▲姥ヶ池碑 …… 主要な史跡・旧跡など。

一 …… 『耳嚢』ポイント番号。『耳嚢』の物語の舞台を示す。番号は『江戸切絵図』、現代図、現代語訳ページに対応。

1 …… 歴史ガイドポイント番号。歴史ガイドで取り上げている場所を示す。番号は『江戸切絵図』、現代図、歴史ガイドページに対応。

1 …… コラムポイント番号。本書コラムで取り上げている場所を示す。番号は『江戸切絵図』、現代図、歴史ガイドページに対応。

都県界	商業施設	公園緑地
市区界	公共施設	新橋三 交差点名
町界	学校施設	信号機
丁目界	その他の建物	

◎ 市役所・区役所	⊗ 交番	✚ 病院	小学校
○ 役所支所・出張所	消防署	Ⓜ マンション	中学校
その他公共施設	卍 寺院	社宅・寮	高等学校
〒 郵便局	⛩ 神社	工場	大学・短大
警察署	Ⓗ ホテル	保育園・幼稚園	文 その他の学校

❶ 御曲輪内大名小路絵図

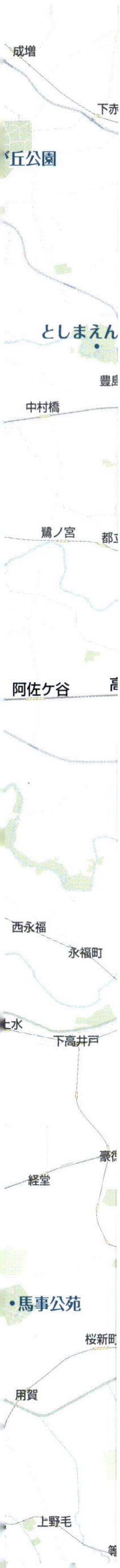

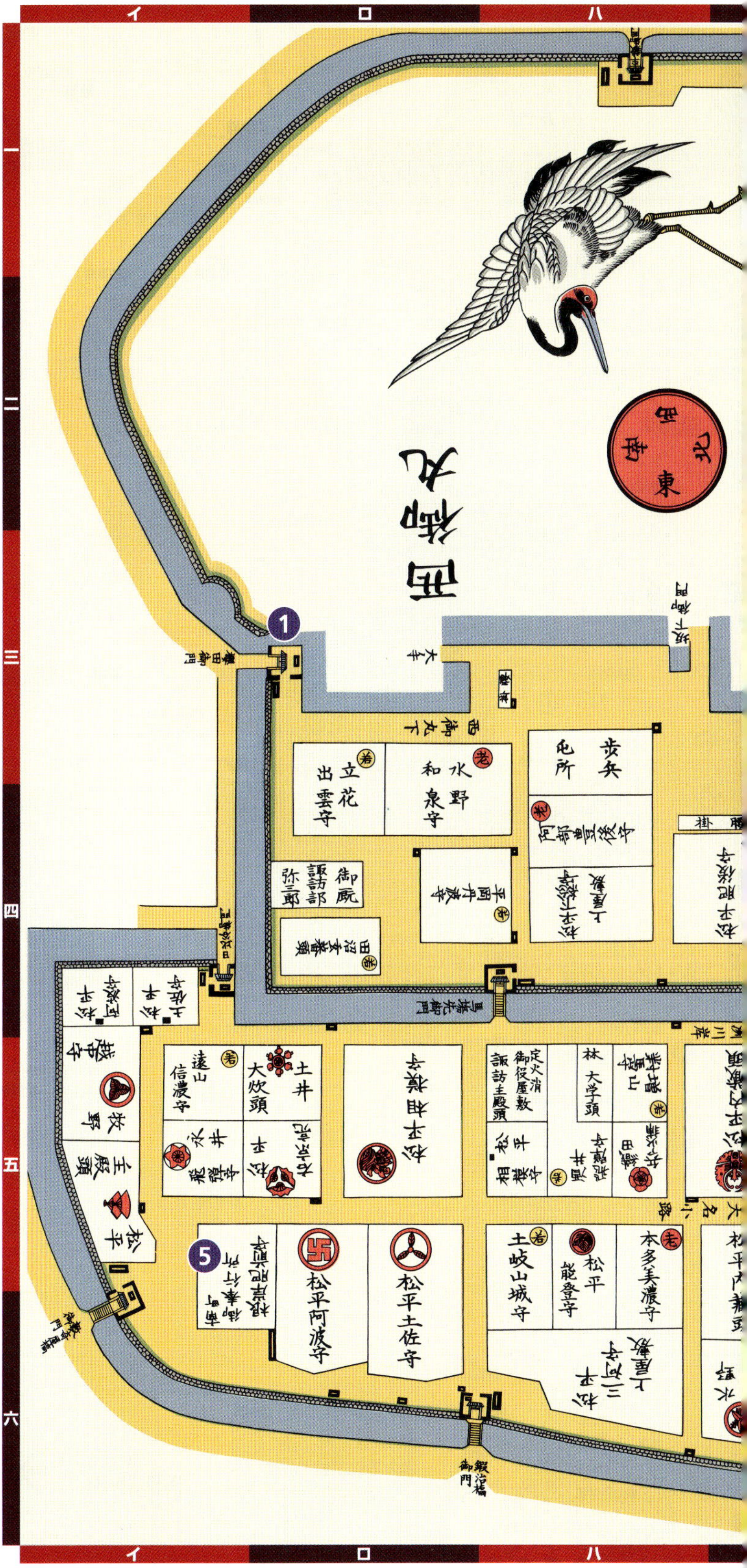

2 麹町永田町外桜田絵図へ

7 京橋南築地鉄炮洲絵図へ

6 八町堀

3−1 3−2 東都番町大絵図へ

4−1 4−2 飯田町駿河台小川町絵図へ

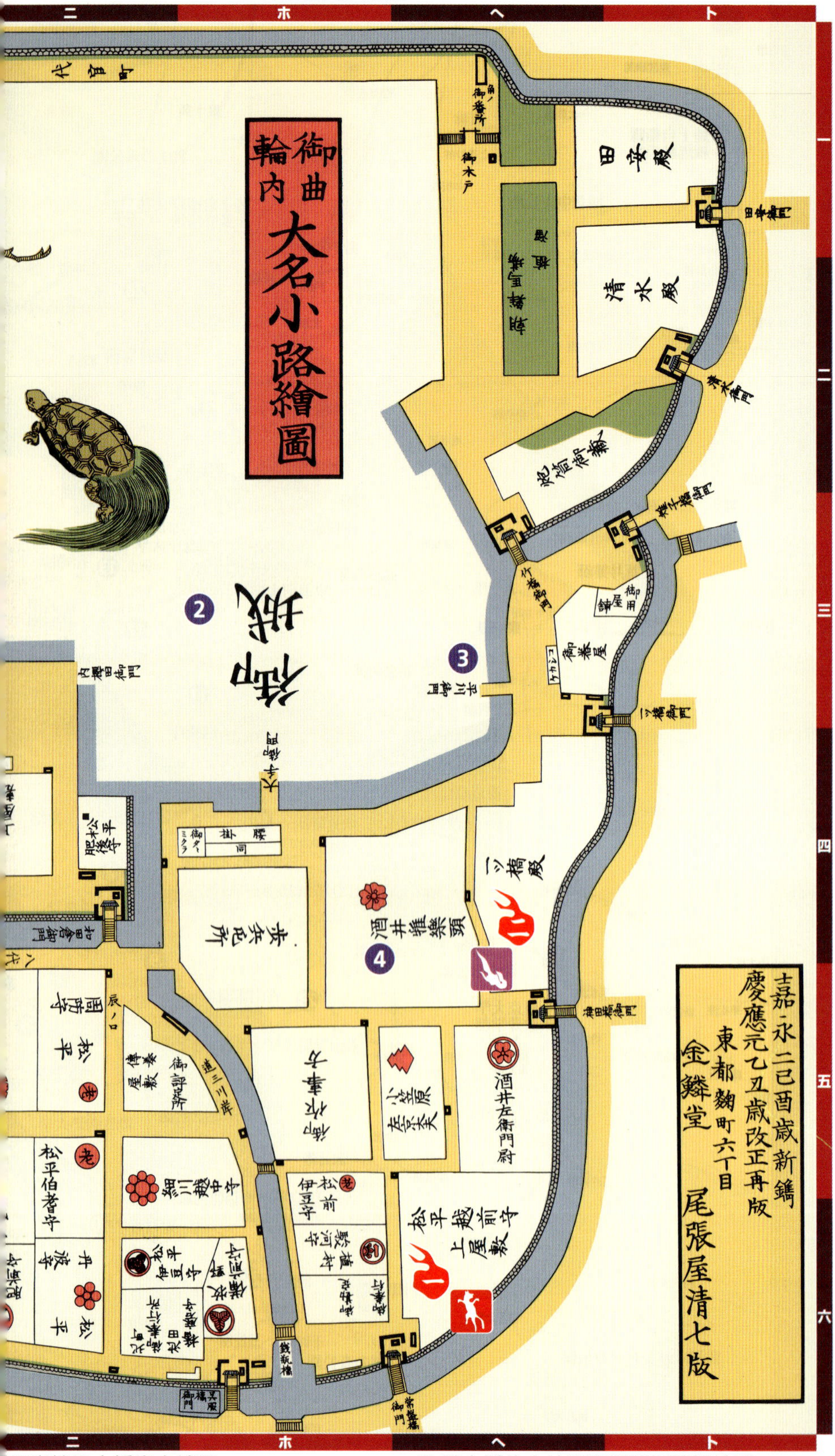

霊岸嶋日本橋南之絵図へ

5 日本橋北内神田両国浜町明細絵図へ

御曲輪内大名小路絵図

皇居・東京駅周辺

一 あすは川亀怪の事

松平越前守上屋敷
千代田区大手町2　へー六　E－6

越前福井の松平家中に、苗字は不明だが、源蔵という、ちょっとした武勇自慢の男がいた。

事情があって江戸勤務を解かれ、故郷に帰任することとなった。

その福井のあすは川（足羽川）には九十九橋という大橋があり、そのあたりに巨大な亀が出没し、人間を襲うこともあるという噂があった。

ある日、九十九橋を渡った源蔵は、この大亀を目撃し、抜刀し裸で川に入って、なんなくこれを仕留め、近くの民家の人々を雇って引き揚げた。

甲羅は領主に差し上げ、肉は酒の肴にでもしようと付け人の中間に調理するよう命じ、自分は昼寝をきめこんだ。

中間は「こんな大亀、もしや毒でもあったら大変。川へ捨ててしまおう」と独断で捨ててしまった。

これを知った源蔵は怒り狂って無情にもその中間を斬り殺してしまった。

しかしこの中間は太守より預かった付け人、源蔵の扱いは、いささか不埒きわまるということで謹慎の身となり一室に押し込められてしまった。

さすがに乱暴な源蔵も弱気になって寝込んでいると、その部屋に深夜、忍び込んでくるものがあり、「毎夕に　逢いに来るもの足羽川　明日あだ波のただたつばかり」という趣の一首の歌とともに、耐え難いほどの痛みをもって源蔵の頭を叩くのであった。

こんなことが二晩も続いたので、一計を案じ、例の歌が吟じられるときに頭を外し、枕を差し出すと、枕が微塵に砕け散ったので源蔵は仰天した。

このことが太守の耳に入り「それは不思議だ。源蔵の殺したのは雄の亀。雌の亀が仇を討ちにきたに違いない」と考えて、一首の返歌を詠み、封じてあすは川に流すと、その後源蔵に怪異は起きなくなった。

源蔵はそれより、心を改め、すっかり殊勝な態度をとるようになった。また「計画的な罪ではない」ということで、太守の赦免をえて、遅滞なく日々精勤したということである。

二 雷の落ちんとする席に焚火（たくひ）燃えざる事

一ツ橋殿
千代田区大手町1　へ−四　F−4

文化年間丑か寅の年（1805・06）であったろうか。強い雷が多い夏で、一橋のお屋敷へも落ちたことがある。そのとき、お屋敷ではたまたま次の間に焚火をしていたが、どれほど焚いても燃え上がらない。当主の一橋斉敦公はこれを見て「焚火が燃えないのは雷が落ちるということだろう、そこを退去しなさい」と命じ、その火を外に移し、人間も避難させると、果たしてその席に雷が落ちたという。世の中、雷の落ちそうなときに火を燃やすのは、こういうわけからなのである。

『狗張子』より（国立国会図書館）

2 松之廊下（まつのろうか）

千代田区千代田　ホ−三　D−3

江戸城本丸御殿表（幕政中枢部）の大通路。長さ約五十メートル、刀剣禁制の場。ここで浅野内匠守は脇差を抜き吉良上野介を切りつけ、「赤穂事件」となった。現地に石標が建つ。

3 平川御門（ひらかわごもん）

千代田区千代田　へ−三　F−3

十五世紀半ば、太田道灌が江戸城を築いたころ、この辺りを平川村といった。不浄門と称するのは城内の死者や罪人を送出するため。浅野内匠頭や絵島事件の絵島はこの門から出された。

4 酒井雅楽頭（さかいうたのかみ）（将門塚（まさかどづか））

千代田区大手町1　ホ−四　D−4

平将門は「新皇」を称して朝廷に反旗を翻すも敗死。京で獄門に晒されその遺物が各地に飛んだ。酒井家上屋敷の首塚はそのひとつ。粗末に扱うと祟りがあると、ビル群の間に祀られている。

1 桜田御門（さくらだごもん）

千代田区皇居外苑　ロ−三　B−3

正確には外桜田御門で、内桜田御門は通称の桔梗門。大老井伊直弼が登城時、雪降るなか攘夷派の水戸浪士らに襲われ殺された「桜田門外の変」で有名。これが幕末暗闘史の開始となった。

5 南町御奉行所根岸肥前守（みなみまちおぶぎょうしょねぎしひぜんのかみ）

千代田区有楽町2　イ−六　A−5

幕府は大坂、京都、江戸（南北二ヶ所）に町奉行所を置いた。そのトップの町奉行は警察、裁判、行政の権力を持った。『耳嚢』の著者、根岸鎮衛は南町奉行にまで出世した能吏。

月岡芳年「安政五戊午年三月三日於テ桜田門外ニ水府脱士之輩会盟シテ雪中ニ大老彦根候ヲ襲撃之図」（国立国会図書館）

2 日枝神社・日比谷駅周辺へ

❷ 麴町永田町外桜田絵図

3-1 3-2 東都番町大絵図へ

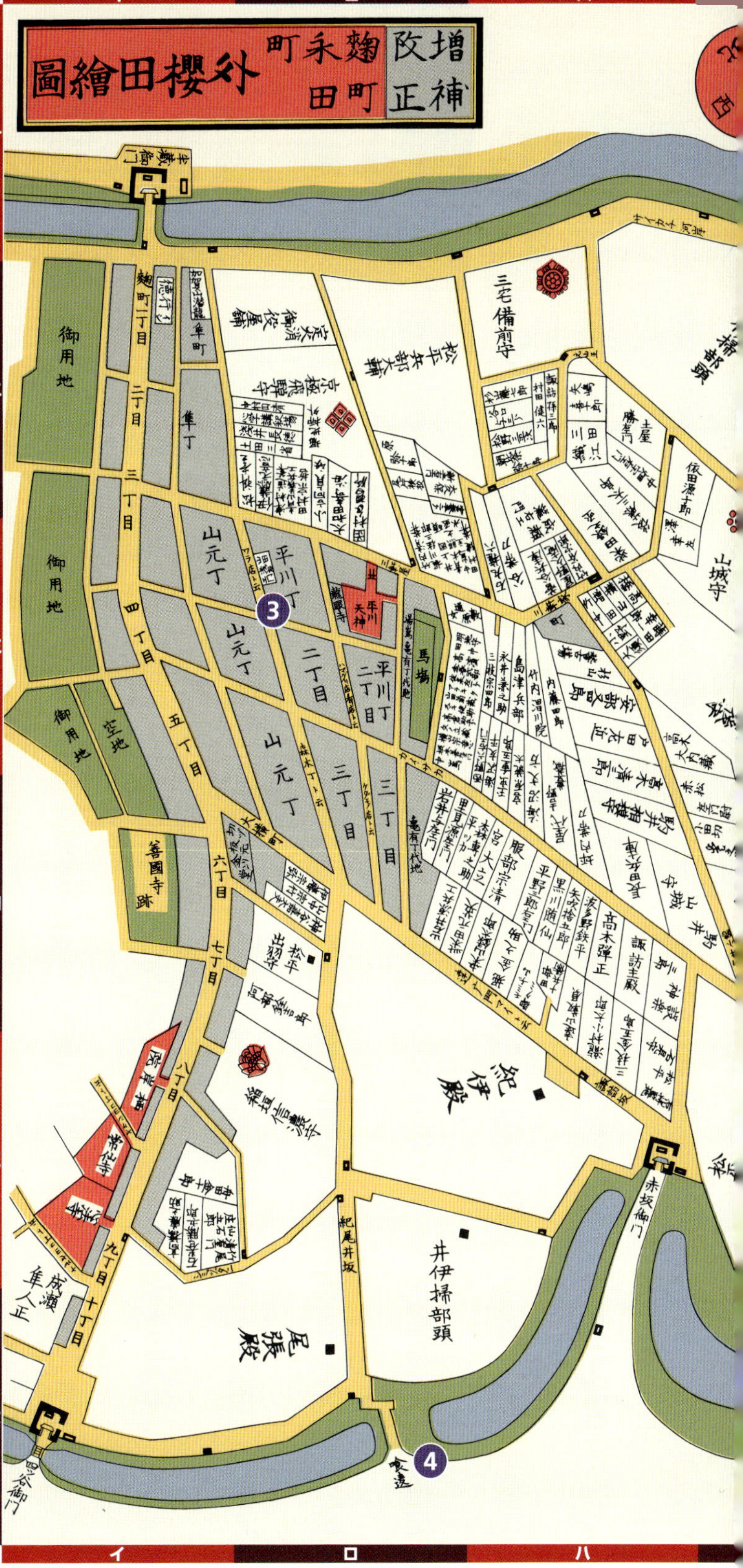

10 千駄ヶ谷鮫ヶ橋四ッ谷絵図へ

1 御曲輪内大名小路絵図へ

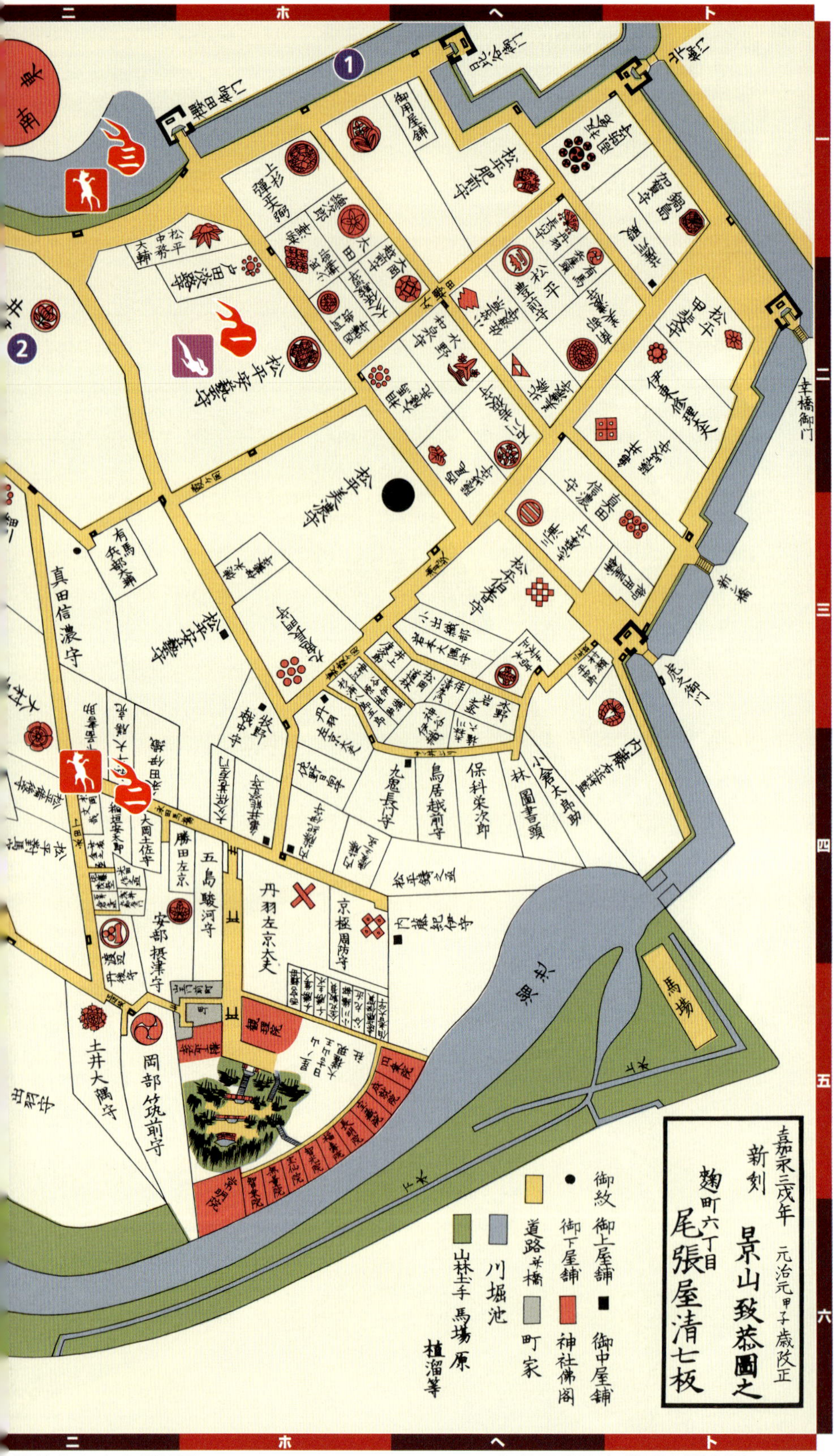

7 京橋南築地鉄炮洲絵図へ

井谷六本木赤坂絵図へ

8 芝口南西久保愛宕下之図へ

麴町永田町外桜田絵図

……………………日枝神社・日比谷駅周辺

一 怪棒の事

松平安芸守
千代田区霞が関2　ホ－二　E－3

安芸広島浅野家の家臣に、苗字は忘れたが、五太夫といういたって壮健な者がいた。

この五太夫が十五歳のとき、同じく家中の三左衛門という者が「当国の真定山に石川悪四郎と呼ばれる化け物が住んでいるという。だが、なにせ高山で難所も多いので誰も行って見たものはいない。乗り込んで見届けてみようではないか」と声をかけてきた。

「昔から難所といわれる山、登る意味もない」と断ると「たいしたことはないのに」としつこい。五太夫も「臆病もの」といわれるのも少し悔しいので、一緒に登ることにした。

真定山登山は噂どおり、なかなかの難物。苦労してようやく山頂に辿り着けば、たちまち暗雲立ち込め、暴風が起こり、雨が降り、大地が震動する。

あまりの恐怖に三左衛門は「山頂まで来たのだからよしとしよう、さあ帰ろう」とさっさと下山してしまった。五太夫は「夜も遅いし足場は悪い。夜明けを待って帰る」といって岩の狭間に一泊、さまざまな怪しいこともあって、ろくろく寝れなかったが翌朝、無事下山した。三左衛門のほうは大熱を出し、意識不明となって寝込んでしまっていた。一方、五太夫の家には妖怪がたびたび出現。鬼の形、山伏などに化け、手を変え品を変え現れたが、剛勇の五太夫は少しも恐れず、ののしってみたり、笑い飛ばしたりしてみたりして、適当にあしらっていた。七、八日たって一人の出家に化けてやってきて「いやはや、貴方という人はなんとも豪勇な人である。われらは真定山を立ち去ることとします」という。「うむ、それはもっともな話である。しかし、妖怪のお前とそういう話し合いになったという証拠がほしいな」というと、しばらく姿を隠し、やおら三尺ほどもある、なんともわけのわからない、一本のねじ棒を外から投げ込んできた。

五太夫宅にたびたび出た化け物の姿を描いた巻物を、この棒に添えて、五太夫は、広島の慈光寺という寺へ奉納したという。

文化五年（1808）八十三歳、いたって壮健に江戸勤番を勤めたという五太夫、その彼から七十歳の頃に、じかに聞いた話だ、とある人が語ったことである。

『太平百物語』より（国立国会図書館）

二 蛇を養いし人の事

永田馬場
千代田区永田町1　二－四 D－4

江戸山王永田馬場のあたりか、また、一説には赤坂（❾図）・芝（❽図）あたり、御三卿方（一橋・田安・清水）に勤める人に清左衛門と名乗る人がいて、どういう動機かは分らないが小さな蛇を飼い、夫婦で寵愛していた。箱に入れ縁の下に置いて食事を与え、天明二年（1782）まで十一年も飼うと蛇は凄まじいほどの大きさになった。夫婦はこれを愛し、床を叩く食事の催促があると、自分の箸で与えるほどであった。家僕らもはじめは恐れおののいていたが馴れるに従って、縁遠い女子などに「この蛇に祈るがよい」などと夫婦がいうままに、食事を与えてはお祈りすると願いが叶うこともあった。さて天明二年三月の大嵐の日、その朝も例の通り食事を与えたが、縁の上に上がり何か苦痛を訴えているようなので、夫婦して一心に介抱していると、雲が起こり雨が降り出した。蛇ははじめうなだれていたが、やがて雲が低く下ってきたとき、縁より庭へ身を延ばしたと見えた途端に雨が強くなり一気に天に昇ったということである。

三 土中より鯉を掘り出せし事

桜田濠
千代田区千代田　二－一 D－2

板屋敬意という絵師がいた。よそから梅の鉢植をいただいてから三年、そろそろ地面に植替してみようと空けてみると、黒い墨のようなものが土塊から出てきた。動くようなので見守ると、目や口が出来上がり、まるで魚ではと思える。しばらくするとこれが尾鰭（おひれ）も動く鯉となったので、水に入れると、跳び踊った。「これは潜竜の類と思われます。海や川へ放してやるべきです」と、物知りなどが申すので、桜田あたりのお堀に放してやった。文化十年酉年（1813）のことである。

❶ 日比谷濠（ひびやぼり）

千代田区皇居外苑　ホ－一 E－1

そもそも日比谷一帯は入海で、埋立てた上に町や城を築いた。濠はその名残。日比谷濠の底に主のような大亀が棲んでいた。浮き上がったときには火消屋敷の太鼓を打つと沈んだという。

❷ 井伊掃部頭（いいかもんのかみ）

千代田区永田町1　二－二 D－3

彦根三十五万石藩主井伊家の上屋敷。幕末の難局にあたり、幕府の臨時最高職である大老位についた。「公武合体」派を弾圧、幕府の専権として通商条約を結んだため浪士たちに殺された。

❸ 山田浅右ェ門（やまだあさえもん）

千代田区平河町1付近　ロ－三 B－4

浪人ながら代々当主は浅右衛門を名乗り「将軍御試御用」役を勤めた。その役とは罪人を使って将軍の刀の切れ味を試すこと。後には処刑役となり「首斬り浅右衛門」と呼ばれた。

❹ 喰違（くいちがい）（喰違見附（くいちがいみつけ））

千代田区紀尾井町　ロ－六 B－6

「喰違」は直線道路をずらした場所。見附は番所で、多くは城内への堀を渡る橋のたもとにある。喰違見附辺に通行人を自殺に誘惑する縊鬼（いつき）という妖怪が出て、首吊りの名所とされた。

③-1 東都番町大絵図

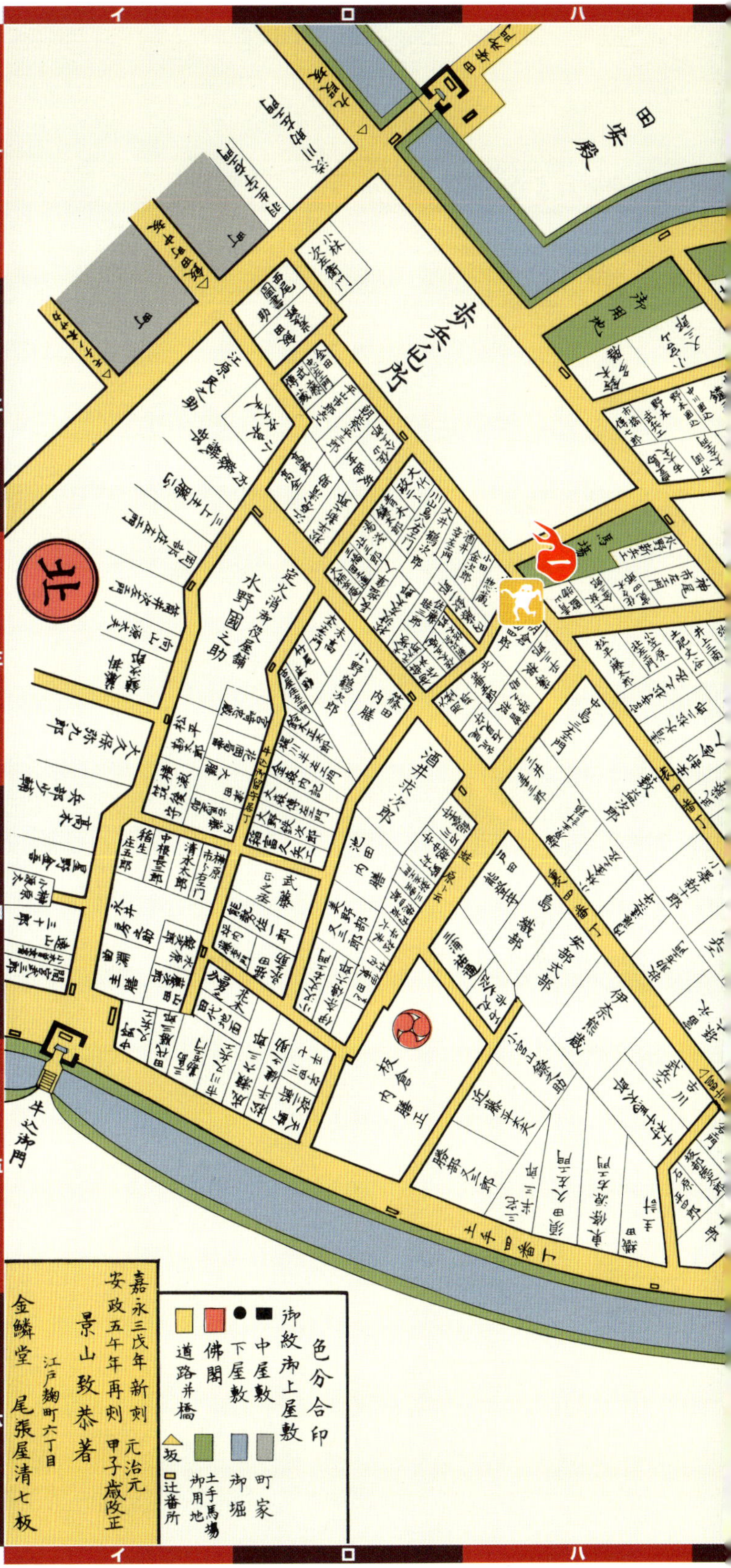

3-1 靖国神社・市ケ谷駅周辺へ

3-2 イギリス大使館・四ツ谷駅周辺へ

4-2 飯田町駿河台小川町絵図へ

11 市ヶ谷牛込絵図へ

1 御曲輪内大名小路絵図へ

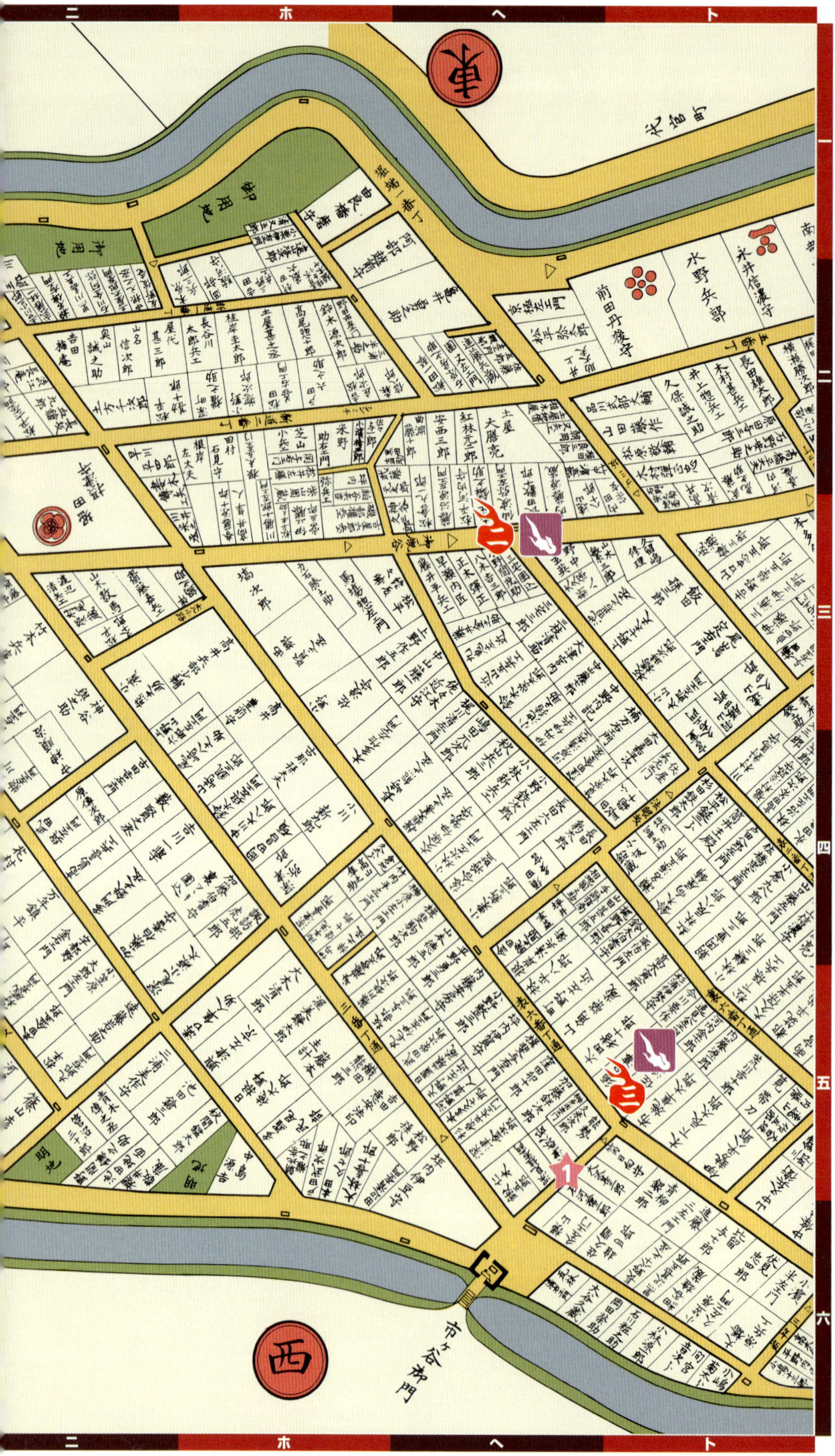

3−2 東都番町大絵図へ

10 千駄ヶ谷鮫ヶ橋四ッ谷絵図へ

東都番町大絵図

……………………靖国神社・市ケ谷駅周辺

一 番町にて奇物に逢う事

馬場
千代田区九段北3　ハー三　C－3

秋、強風の夜のことである。武田末流の牛奥(うしおく)氏が急用あって、侍一人を連れ番町馬場の近所を通った。

おりから前後の往来も絶えるほどの大雨である。道の端に女がうずくまっている。見れば合羽のようなものを着てはいるが、傘はない。女であるかも定かではない。不思議に思い「あれは何だ、ちゃんと見たほうがいいだろうか」「必要ない」などと会話しながらも、ちょうど提灯(ちょうちん)を持った足軽風が脇道から来たので、様子をみようと一緒に戻った。ところがはじめ見たところにいないのである。周囲は見通しのいい場所なので「どこにも行きようはないはず」と不審に思いながらも帰った。ところが門を入る頃からしきりに寒気がする。翌日から熱病となり二十日ほども苦しんだ。召し連れた者も同じく寒気から二十日の熱病を患ったという。

おおかた、熱病の気のようなものが雨中に人間の形をなしていたのだろう。

三方原の妖怪『狗張子』より（国立国会図書館）

二 古石の手水鉢(ちょうずばち)怪の事

番町
千代田区西部　ヘー三　E－3

御医師に人見幽元と申す者があった。茶道にも心得があり、番町あたりの庭に古い石の手水鉢があるのを見てしきりに欲しくなり、人を雇って土中深い石を掘り出し自分の庭に移した。「珍しい物を手に入れた」と幽元は大喜びで寵愛(ちょうあい)したが、その夜から手水鉢が「帰ります」と喋るのである。「石が物を言うなどあるはずがない」とみな思ったが、とにかく夜になるとお喋りがやまない。怖くなって、とうとう元に返したという。仕立てられた怪異話なのか、石にほんとうに魂があったのかは、不明である。

三 夢中鼠を呑(の)む事

布施隼太郎
千代田区四番町　トー五　F－5

文化三年（1806）夏、番町に住む布施金蔵という男が足腰を小僧に揉ませながら昼寝をしていた。夢うつつに魂が口から出そうになって吃驚(きっきょう)し、掴(つか)み捕らえて口に押し込み、呑んだと思ったら、喉が掻きむしるほど苦しい。人を呼んで白湯(さゆ)をもらってようやく落ち着いた。「ところで小僧は」と訊くと、「旦那の腰を揉んでいると寝てしまったので、自分が可愛がっている南京鼠を取り出し遊んでいましたら、旦那が捕まえて呑んでしまいました」と泣いているという。魂と思ったのは鼠だったのか、とみな驚き大笑いとなった。

番町皿屋敷

「一枚、二枚——」と恨めしそうな声で九枚目まで数えて、そして「ああっ、ない——」と叫ぶ娘の姿は古井戸から浮き出した上半身。娘の名はお菊、十枚揃いの高麗皿を割ったために主人に成敗されて、古井戸に投げ込まれた。また井戸に吊り下げられ、指を一本ずつ切断する折檻に耐えかねて身投げしたのだともいう。とにかく成仏できぬお菊の亡魂がさまよい出しては皿を数え、祟りをなした。番町にある帯坂（1）の名は責め苛まれたお菊がとけた帯をひきずって逃げた坂だといわれる。

これには前話がある。二代将軍秀忠の娘、千姫は幼くして豊臣秀頼に嫁ぐも夫は大坂城とともに燃え、再婚相手には病死され三十歳で独り身となり、七十歳で没した。その間の番町に住んでいたころ、愛人の若侍とその戯れ相手の侍女を処刑し井戸に投げ込んだ。それがお菊の古井戸だという。「菊」の名は亡魂と化す民間の女性一般に使われているとのこと。断絶した家はすぐに更地とされ火除け地とされた。その屋敷跡のことを「更地の旧屋敷」、「皿屋敷」としたとも説かれる。

こうした皿屋敷の伝承は、播州姫路城、摂州尼崎、雲州松江、甲州にもみることができ、初期歌舞伎に取り上げられ、大正の岡本綺堂まで発展成長しつづけた。

帯坂

「歌舞伎座中満久皿屋鋪化粧姿鏡」（東京都立中央図書館東京資料文庫）

4-2 水道橋駅・飯田橋駅周辺へ

❸-2 東都番町大絵図

3-1 東都番町大絵図へ

11 市ヶ谷牛込絵図へ

1 御曲輪内大名小路絵図へ

2 麹町永田町外桜田絵図へ

10 千駄ヶ谷鮫ヶ橋四ッ谷絵図へ

東都番町大絵図

………　イギリス大使館・四ツ谷駅周辺

一　猫の怪異の事

番町
千代田区西部　二一三　D－3

番町あたりのある武家の話である。とかく鼠が家を荒らすのを家中の者は嫌がっているのに、まず猫を飼うということをしない。理由を聞いてみると「理由はあるにはあるが、あまり世間に広く話すようなものではない。あなたが聞くから話すのだが、祖父の代のこと。ずいぶん長く飼って可愛がっていた猫がいた。あるとき縁側に雀が二、三羽いたのを狙って跳び掛ったが、雀はその寸前に飛び去った。するとこの猫がまるで幼児の言葉のごとく『残念なり』といったというのだ。祖父は驚いて飛び掛り押えて、火箸(ひばし)を持ち『おのれ畜生の分際でありながら人語を使うとは怪しい奴』といって、いまにも殺さんばかりに怒った。その猫がまた声を出し、『ものを言ったことなどないのに』と言った。驚いて手をゆるめたところを見澄まして、飛び上がって行方知れずとなったのである。それ以後、我が家には絶対に猫を飼ってはならない申し伝えが残ったのだ」というわけなのであった。

二　小児行衛を暫(しばら)く失う事

番町
千代田区西部　二一三　D－3

寛政六、七年（1794·95）の頃、番町に、財産もあり家柄もよろしい千石取のなんとかという人物がおり、その家に八歳になる息女がいた。

たまたま隣家へ乞食の男女が来て、唄、三味線など賑やかな囃子(はやし)物の音色を聴いて、しきりに見たいという。奥方は「あんな下賤(げせん)なもの」と制止したが、聞き分けなく庭へ駈け出し、乳母が押しとめるのを今度は納戸(なんど)の中へ駆け込む。乳母はすぐに追いかけたが、そこで姿を見失ってしまった。家中、驚愕(きょうがく)して便所や物置はもちろん屋敷中くまなく探したが見つからない。外出していた主人も呼び戻されて糀町(こうじ)（ヘ一一）あたりまで近隣を捜し尋ねたが、影もかたちもない。奥方は嘆き悲しみ、祈祷に頼るなど手立てを尽すうち、三日目、納戸に、ふと娘の声がする。声はするのだが姿は見えない。今度は庭に泣き声がして、駈け出せば、たしかに娘である。取り押さえ抱きしめて、お粥(かゆ)や薬などを飲ませ、娘の様子を見るに、髪は蜘蛛(くも)の巣の糸だらけ。手足は原野を分け歩いたとしか思えない疵(きず)でいっぱいである。療養しながら様子を聞きだそうとしても、記憶がないらしい。いったい何であったのか。その後は平穏に過ぎ、いま十五、六歳にもなるなあ、と人は語るのである。

三 貒(まみ)といえる妖獣の事

番町
千代田区西部　二—三　D—3

しばらく御使番を勤め、病気ということで退役となった松野八郎兵衛の屋敷は番町にあったが、天明六年（1786）の春のある夜、屋敷内を巡回警備していた中間(ちゅうげん)に飛びつくものがある。棒で打ち払ったがその棒に食いついてくる。中間は助けを求め闘った。犬よりはかなり大きく、目は日月のごとく光り、色は鼠のようで杖で打てば蟇蛙(がまがえる)の背を叩く感触。やがて人が多くなると逃げて藪(やぶ)に隠れ、闇夜に姿をくらまし、その後は出て来なかった。貒というものだ、とある人はいうが、そういうものであると思える。

能登国化け猿退治
『太平百物語』より（国立国会図書館）

四 蛙合戦笑談の事

法眼坂
千代田区四番町　二—四　D—4

二番町から六番町へと登る、番町法眼(ほうげん)坂のあたりに時折、蛙の合戦があるということで、近隣の人々が見物に出るほどであるという。ある時、小笠原氏（ホ—三）が話してくれたことには、小笠原などの住まいするあたりは特別に蛙が多く、屋敷ごとに下僕が炭俵の古い物に蛙を取り入れて、夜分、法眼坂へ捨てに来るので、おのずから数が多くなるのである。

そのなかで、当然、斃(たお)れ死ぬ蛙も数多くなるのでその遺骸を見て「きのう合戦があったのだ」というような風説を流す人間がいるということである。

① 禿小路(かむろこうじ)

千代田区九段南3　ロ—三　B—3

禿とはオカッパ髪（カッパに通じる）。また遊女見習い中の小娘（六、七歳から）。禿の幽霊が出たというところからこの名がついたのだが、その禿の妖しい姿は両者に通じる。

② 馬場惣左ェ門(ばばそうざえもん)（佐野善左衛門宅(さのぜんざえもんたく)）

千代田区三番町　ハ—三　C—3

佐野善左衛門の屋敷跡。老中田沼意次は「賄賂政治家」と庶民に評判が悪かった。その子で若年寄の田沼意知を城内で殺害したのが佐野善左衛門。切腹後、「世直し大明神」と崇められた。

③ 法眼坂(ほうげんざか)

千代田区四番町　二—四　D—4

長い坂で行人坂、法印坂、東郷坂の別名がある。名称は住人に由来するが、東郷元帥邸からの東郷坂のみ確か。他は宅間法眼、斎藤法眼、某法印という行人（行者）と諸説ある。

3-1 靖国神社・市ケ谷駅周辺へ

❹-1 飯田町駿河台小川町絵図

1 御曲輪内大名小路絵図へ

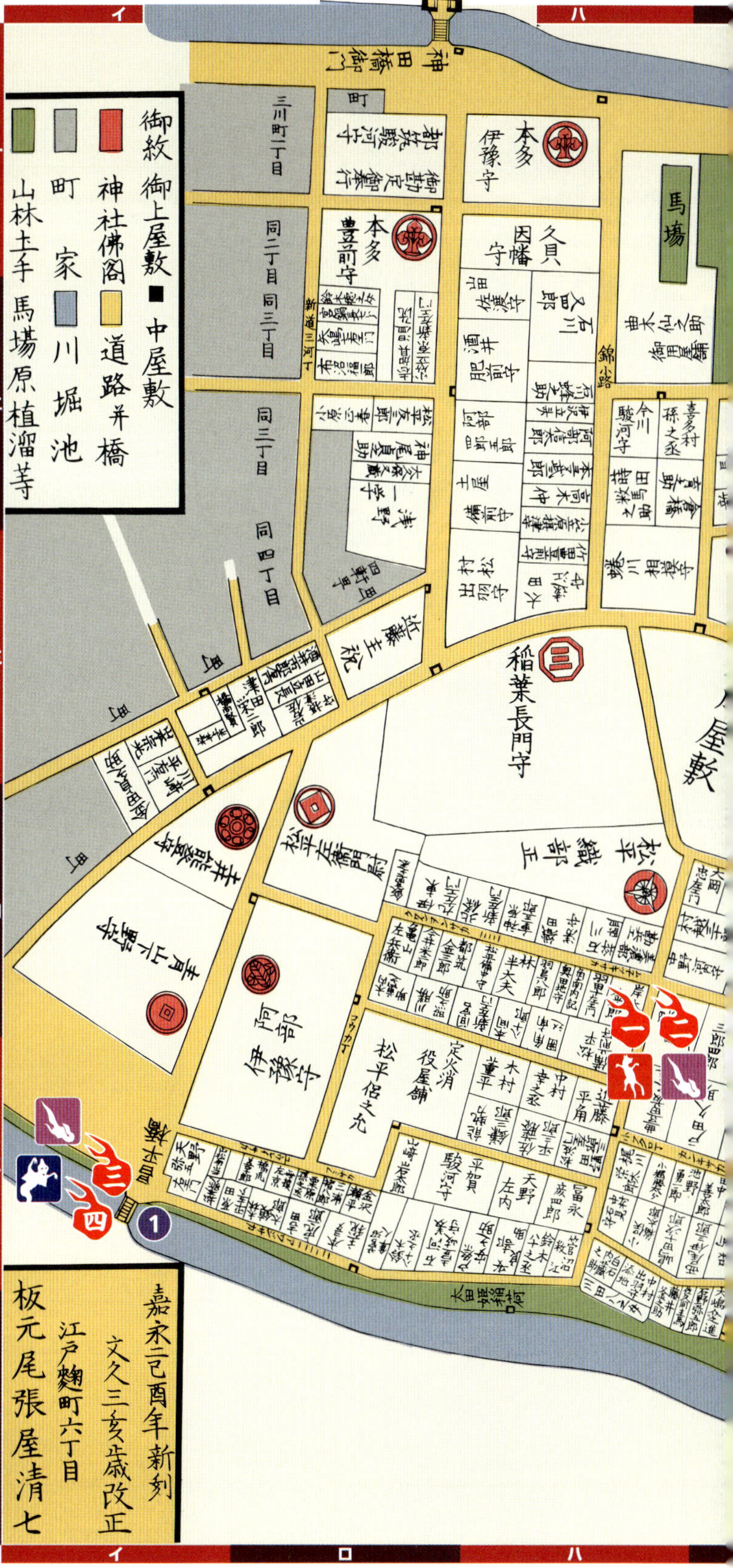

5 日本橋北内神田両国浜町明細絵図へ

4-2 飯田町駿河台小川町絵図へ

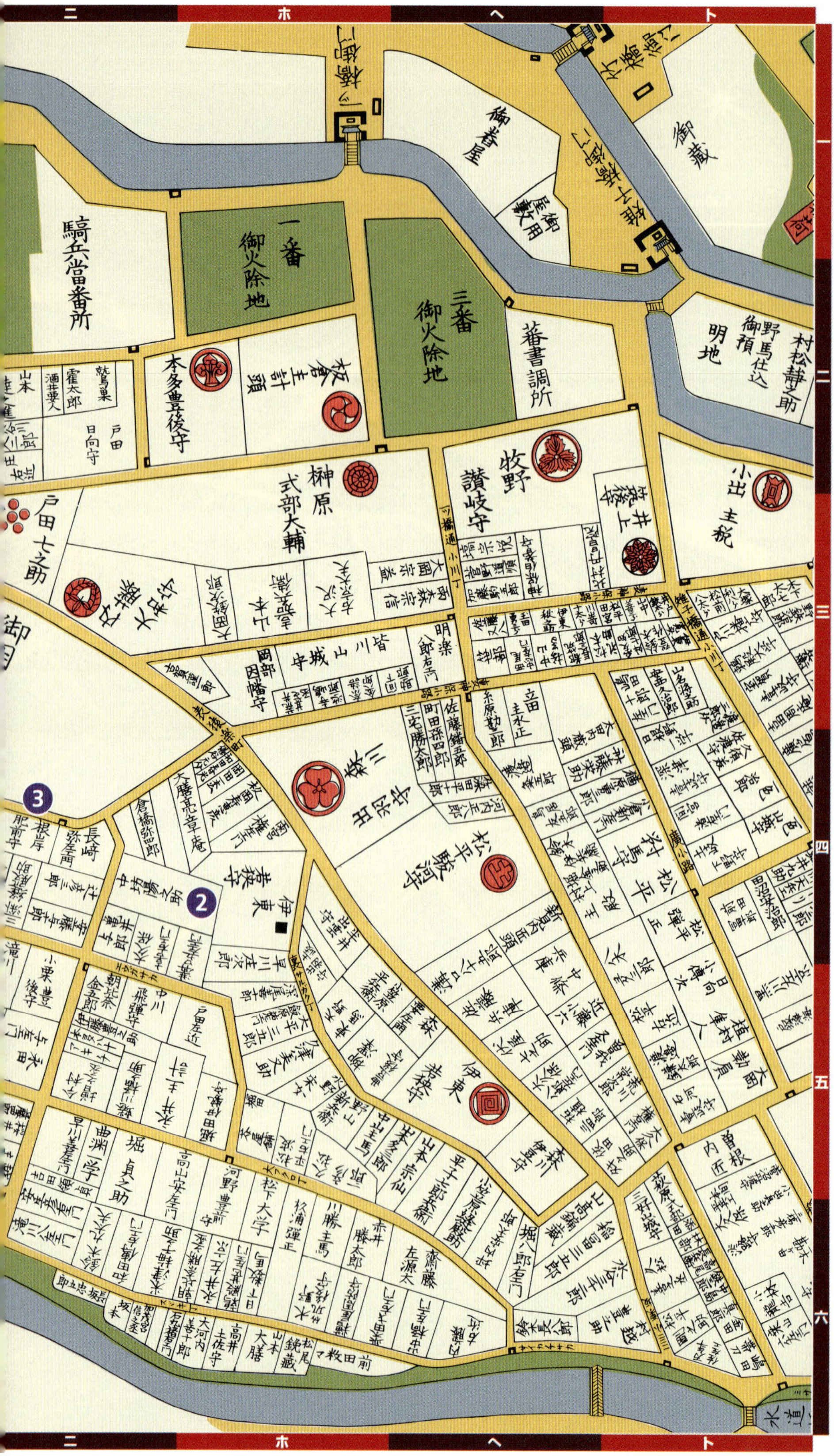

14 小石川谷中本郷絵図へ

飯田町駿河台小川町絵図

……… 神田古書店街・御茶ノ水駅周辺

一 狸僕を欺き天命を失う事

駿河台
千代田区神田駿河台付近 八－四 D－4

駿河台に金森なにがしという人がいた。まだ俸給の少ない身分なので雇い人は少なかった。そのうちの一人の下男が召使の女と密通したのである。気づいた主人は、暮れ方、この下男を本郷（⑭図）あたりまで使いに出し、その留守中に召使の女には暇を出してしまった。夜、帰路に下男はこの召使と行き合って「こんなところで何をしている」「ご主人に暇を出されました。でも貴方と逢いたいと思ってここまで来たのです」「そうか、善後策を練ることが必要だ。ひとまず私の部屋へ帰ろう」といったことになり、蚊帳もない部屋に蚊遣りを燻して語り合い眠った。朝方、蚊遣りの火が燃え立ち部屋を照らすと、この女の顔が恐ろしい化け物に変化した。下男は驚いたが気丈にも組み付き押し伏せ、大声で人を呼んだ。屋敷の全員が火をかざして集まり、提灯でこれを見ると古狸であったので、打ち殺したという。文化年間丑の年（1805）の夏のことである。

産女（うぶめ）に化けた古狸の妖怪
『宿直草』より（国立国会図書館）

二 非情の者恩を報ずる事

駿河台
千代田区神田駿河台付近 八－四 D－4

駿河台に梅屋敷といって、多くの梅の鉢植を大事に育てていた山中平吉という人がいた。

ある年、この平吉がとんでもない大病に罹り寝込んでしまった。そんなある夜、夢に一人の童子が現れ、「私は貴方に手厚く養ってもらっている者である。このたびの貴方の病気は、いわば定まった業、そのまま死を待つ運命ではあるが、長い間受けた厚恩を思って、私があなたの一年分の命に代わりたい。あなたと同役の篠山吉之助に頼んで、医者を紹介してもらいなさい、その薬を服用すれば快癒いたします」にわかに信じがたい不思議なことと思ったが、しかし篠山は親しい間柄ではあるので、医者や薬の相談などはしてみようと、手紙を書き始めた。

すると、そこへ当の篠山吉之助が訪ねてきた。「いま、そっちへ使いを出そうと思っていたところだ」というと、吉之助も「貴方をお見舞する夢を見て驚いたので、やって来たのだ」と語る。結局、かねて出入りの医師を見切って、篠山紹介の医師に依頼した。

これが功を奏して快癒したが、不思議なことに平吉が快方に向かうとともに、あまたある梅鉢のうち、特に寵愛していた梅の様子がだんだん悪くなり、ついに枯れて朽ち果ててしまったということである。

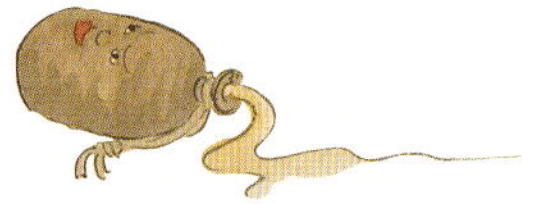

三 火災に感通の占（うらない）ある事

昌平橋
千代田区外神田1・2　イ−五　B−4

天明六年（1786）の春は江戸表に火事が頻発した。白山御殿跡（小石川御薬園。⑬図ハ−一）から出火し、昌平橋・外神田あたりまで焼けた火事のときは、私の屋敷も危なくなり家内らを立ち退かせた。親しい人たちが大勢来て、飛び火を防いだりしていただいたが、そのうちの一人が「この屋敷までは焼けません。安心してください」という。その考えは甘いのでは、と笑うと、「巫女（みこ）の言を侮（あなど）ってはなりません。年寄に聞いて験したことがある。明和九年辰年の火事（目黒行人坂火事）で江戸の大半が焼けたとき、年寄りが『火災のとき手水鉢（ちょうずばち）か、あるいは水溜（た）め用の水を手に結び、湯のように温かったらその家は火災を逃れることはできない。これは水の性質だから疑ってはいけない』というので試したところたしかにそうであった。今日もこの屋敷の水を調べたが大丈夫」という。実にこれ天地自然の理である。おのずから水気に火気を含んではまずいということをいっているわけである。

四 遊魂をまのあたり見し事

昌平橋
千代田区外神田1・2　イ−五　B−4

中山氏に仕える小侍（こざむらい）は、利発明敏で、ことのほか重用されていたが、寛政七年（1795）の暮、流行り病の疱瘡（ほうそう）で死んでしまい、主人は大変不憫に思って懇（ねんご）ろに弔った。この中山氏と親しいある男が昌平橋を通ったとき、くだんの小侍と、ふとすれ違って「ご主人にはお変わりないか」など相応の挨拶を交わした。中山氏のもとに行くと、遥（はる）か前に亡くなったという話である。「私ひとりなら見間違えということもあるが、私の下僕もあの人に間違いないといっている」と、ふたり、ただただ驚いたということである。

『狗張子』より（国立国会図書館）

① 昌平橋（しょうへいばし）

千代田区外神田1・2　イ−五　B−4

将軍綱吉は孔子を祀る聖堂を核に朱子学（儒学）の学問所を設けた。全体を孔子の郷里、魯の昌平にちなんで昌平黌（昌平坂学問所）と名付けたので、坂や橋にもその名がついたという。

② 中坊陽之助（ちゅうぼうようのすけ）

千代田区神田駿河台1　ニ−四　D−4

駿河台は旧神田山で、家康の死後に駿府詰の旗本が来たことに由来する。中坊家の跡地に現在、明治大学刑事博物館がある。はりつけ柱、拷問用膝乗石、「鉄の乙女」などを収蔵する。

③ 根岸肥前守（ねぎしひぜんのかみ）

千代田区神田駿河台1　ニ−四　D−4

『耳嚢』の著者根岸鎮衛とその子孫が居宅した場所。文化十二年十月、自宅二階の灯明が元で御役屋敷と居宅を焼失。鎮衛は羅災後この地で過ごし、十二月に死去した。

1 皇

1 御曲輪内大名小路絵図へ

④－2 飯田町駿河台小川町絵図

5 明治座・日本橋駅周辺へ

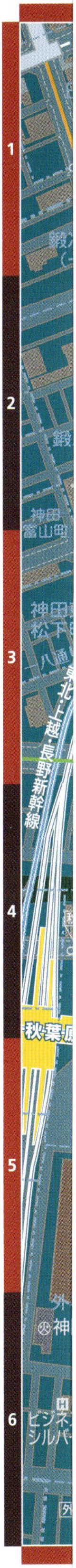

4－1 飯田町駿河台小川町絵図へ

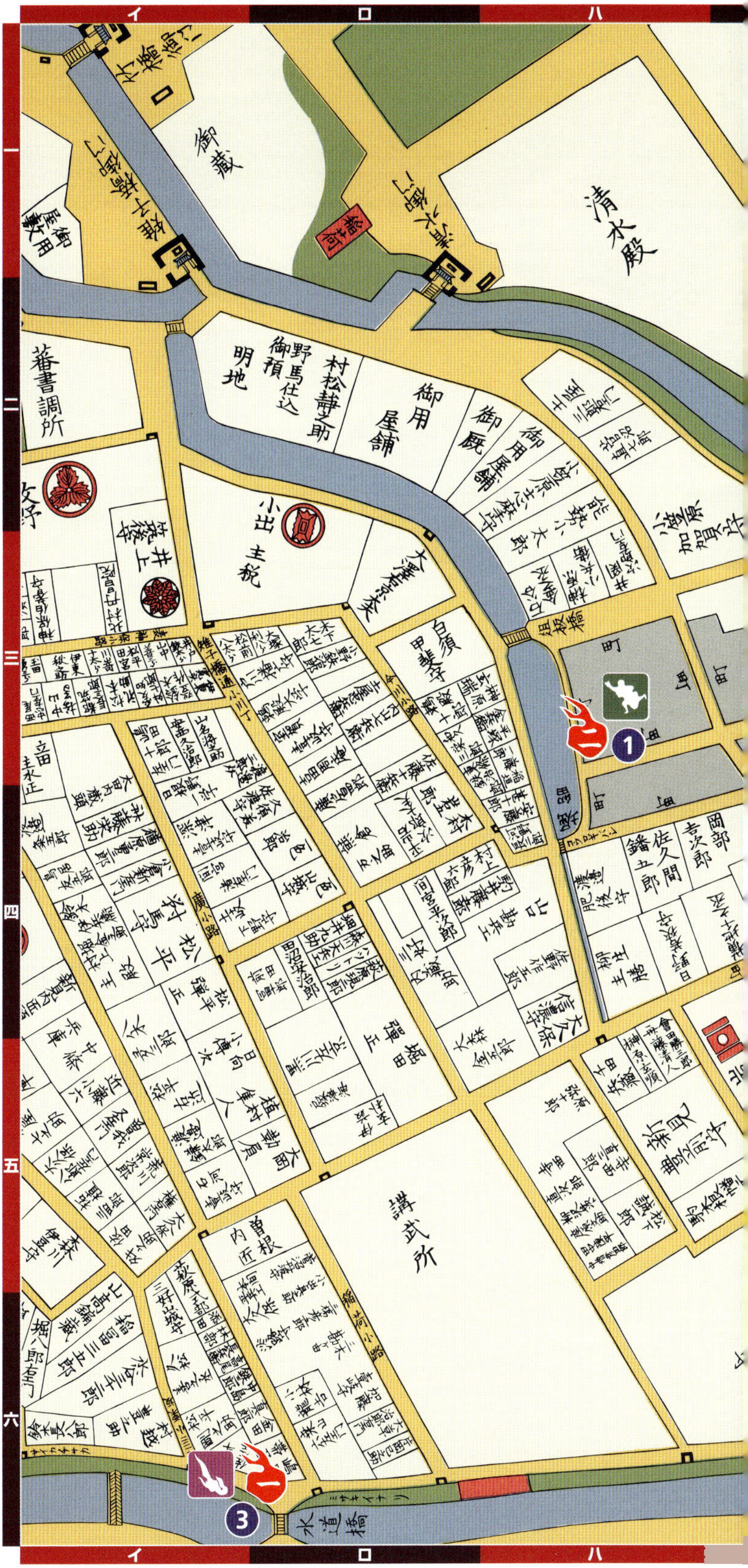

14 小石川谷中本郷絵図へ

3−1 東都番町大絵図へ

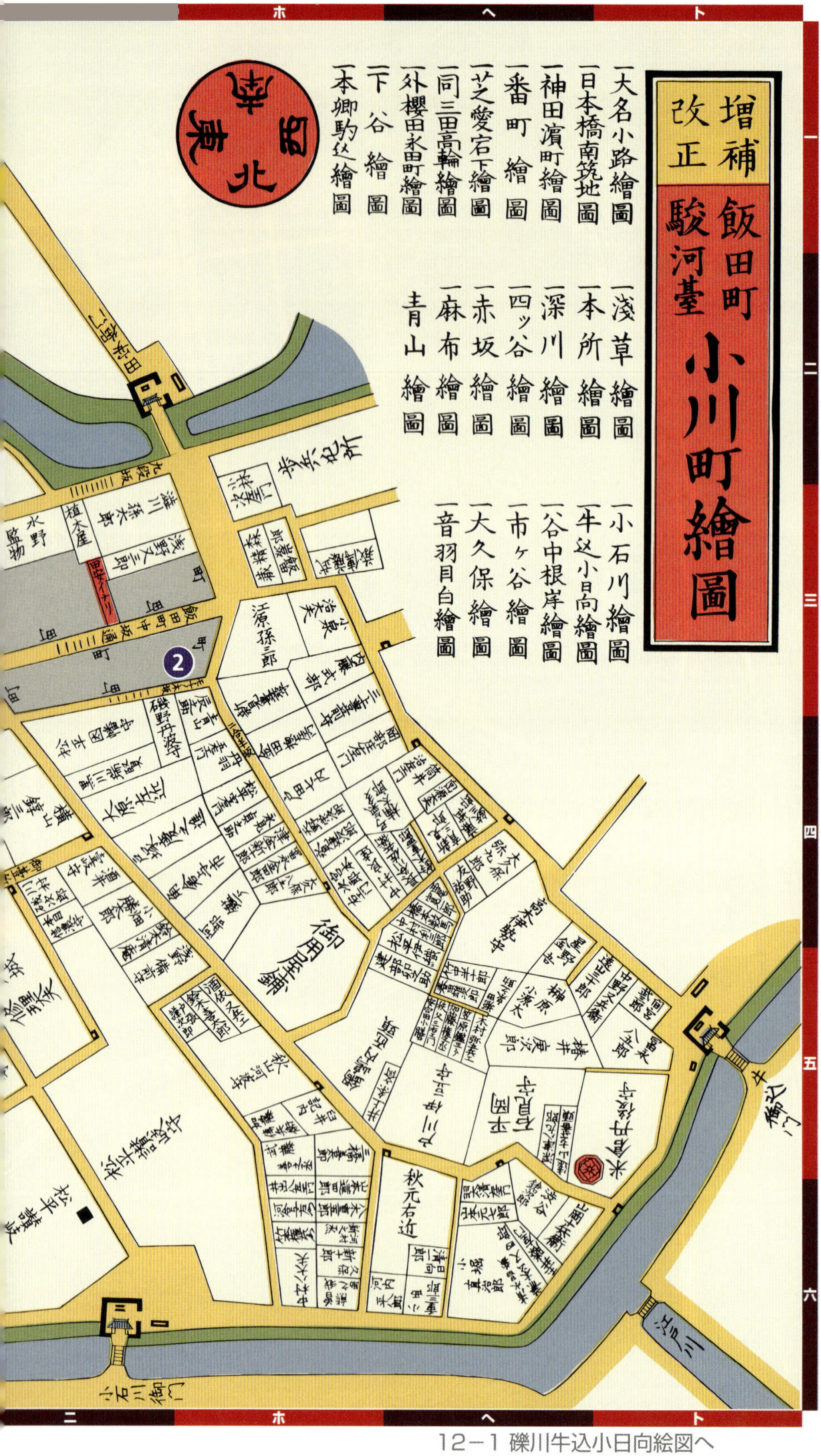

12−1 礫川牛込小日向絵図へ

飯田町駿河台小川町絵図

水道橋駅・飯田橋駅周辺

一 関羽の像奇談の事

水道橋
千代田区三崎町1・2・文京区本郷1　ロー六　A－6

寛政八年（1796）のことである。定火消、小普請組支配、番頭などを歴任した五千五百三十石取りの坪内美濃守定系が逝去した。

坪内家の家中には御朱印の内へ書き加えられた同姓、つまり同じく坪内を名乗る家来で知行地の美濃（岐阜県）に在籍する者がおり、そのなかの坪内善兵衛という者が、美濃守逝去のあとのさまざまな始末のため江戸表に出向した。この善兵衛には小石川あたりに与力を勤める親族がいたので、その与力の家へ居留し、日々番町の主人宅へ通うことになった。

ある夜の夢に、ひとり唐の冠を被った異国人とおぼしき者が現れた。

「私は長い間、水難に苦しんで辛い思いをした者である。明日、あなたに出会うことになるので、わが受難の辛さをなにとぞお救いください。そうすれば恩に報い厚く御礼いたします」と言ったこと、記憶にはっきりと残して、はたと夢から覚めた。

不思議には思ったが、所詮、夢のなかの出来事である。考えても仕方がないので、心にもとめず、次の日も変わりなく主人の家へと通った。帰路、夕陽の射す水道橋の川端を通ると、日常の浚渫作業に従事する者が、土を上げている。その泥のなかに一尺ほどの人形のような物を見てとって、しばらく観察していると、それは唐の人の像である。昨夜の夢を思い出し、気持ち悪くなってその浚渫の作業員に「その人形、ちょっと理由があって欲しいのだ。一杯やる酒代を出すから譲ってくれないか」と言うと「どうせ上げ土の埃です。酒代などいりませんよ」と言う。

そこで、その木像を持ち帰り、泥を洗うと、なかなかに立派な細工の物である。そこで池之端（⑮－1図 トーー）の袋円という薬屋の隣の仏師の家に持ち込み、「これはいったいどういった像だろうか」と尋ねた。仏師はこれを熟覧し、「これは異国の物で日本の細工ではありません。三国時代の蜀の英雄関羽が死んだのち、呉の国にその霊験が顕れたので、とりわけて呉越の海浜には海上を護る神として尊敬し、関帝として祀ったのです。この像はその関羽の像ですよ」と、褒めそやすので、荘厳のために厨子などを拵え、故郷に持ち帰ったと、かの小石川の与力が語ったということである。

御茶の水　水道橋　神田上水懸樋『江戸名所図会』より
（国立国会図書館）

二 才能不埒（ふらち）をおぎなうの事

飯田町
千代田区九段北1　ハ－三　B－4

山東京伝といえば、天明・寛政の時代に草双紙や読本（よみほん）などを綴（つづ）ったり、紙の煙草（たばこ）入れなどを売り出して流行させた才人である。その高弟である曲亭（滝沢）馬琴の文才は、師の京伝にも劣らず、大流行の草双紙をたくさん出版した。この馬琴の出自を調べると、武家の若党として奉公したこともあったようだが、生来無頼（ぶらい）の放蕩者（ほうとうもの）で、そのため酷い皮膚病を患ったりした。そこで、とある医師の家に寄宿し、自分の治療がてら薬剤の製法に携わるようになった。もとより才能のある男である。主人にも気に入られ、滝沢宗仙と名乗って医師の代役もした。そのうち病気も治癒したが、今度は放蕩気質が現れ、その医師の家を出奔。京伝のもとに寄宿し、ここでも才能を発揮して、師の世話で飯田町の伊勢屋清右衛門という荒物や下駄を扱う商家の名跡を継ぎ、ここでも才気を発揮、町内の問題など処理し、筆をとっては文才を発揮し、いまは身持ちも良く、安穏に暮らしたということ、これは人の噂である。

曲亭馬琴『南総里見八犬伝』より（国立国会図書館）

1 馬琴居宅跡（ばきんきょたくあと）

千代田区九段北1　ハ－三　B－4

滝沢馬琴は江戸後期の人気作家。『椿説弓張月』は葛飾北斎の挿絵。『南総里見八犬伝』全編百六冊は失明しながらも、息子の嫁に口述筆記させ、三十年弱をかけて完結した。邸内の井戸が残る。

2 モチノ木坂（もちのきざか）（冬青木坂）

千代田区富士見1　ニ－三　C－4

江戸中期、小豆を洗うような音をさせる小豆洗いという妖怪が全国に出現、しかしその姿を確認できた者はいない。この坂に面した武家の玄関先にも毎夜、小豆老女が出たという。

3 水道橋（すいどうばし）

千代田区三崎町1・2・文京区本郷1　ロ－六　A－6

東は隅田川、南は京橋川まで広い地域の生活用水をまかなったのが神田上水。その取水堰が関口にあり、導水路が引かれ外堀の上を懸樋が通った。その樋が近いところからこの名が付いた。

❺ 日本橋北内神田両国浜町明細絵図

15−1 東都下谷絵図へ

4−1 神田古書店街・御茶ノ水駅周辺へ

4−1 飯田町駿河台小川町絵図へ

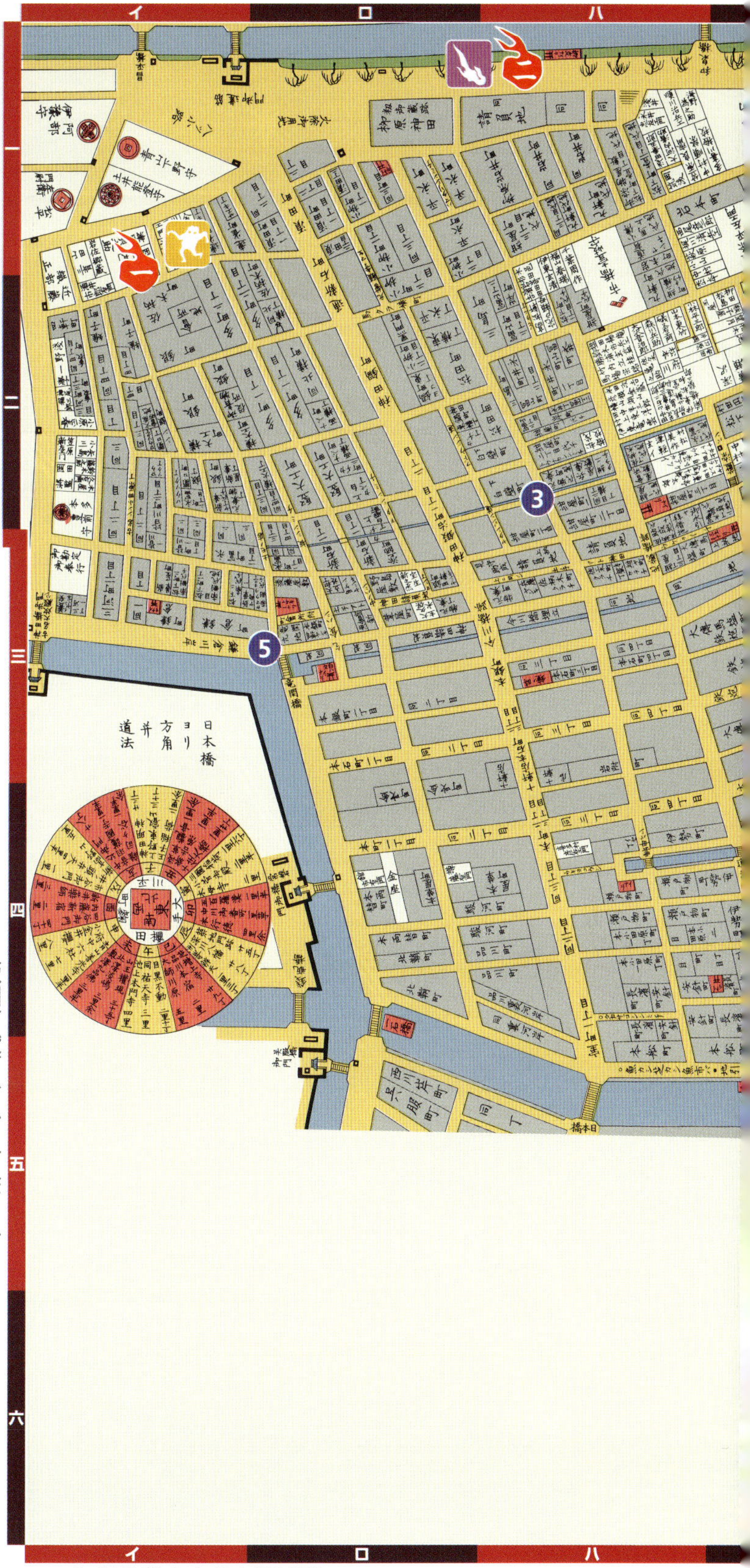

1 御曲輪内大名小路絵図へ

16 東都浅草絵図へ

18－1 本所絵図へ

19－1 本所深川絵図へ

6 八町堀霊岸嶋日本橋南之絵図へ

日本橋北内神田両国浜町明細絵図

……………………明治座・日本橋駅周辺

一 怪病の沙汰にて果福を得し事

佐柄木町
千代田区神田司町2付近 イーニ B－2

宝暦の頃、神田佐柄木町の裏店(うらだな)で元手少なく貸本屋を営んでいる者が、不思議と幸福を得たことがあるという。そのころ遠州気賀(えんしゅうけが)（静岡県浜松市細江町）あたりに六十石余りの田地と多くの使用人を抱える裕福な百姓がいた。百姓には一人娘があり容貌勝れていたが、婚期を過ぎても婚姻が調わない。格下の家からでも婿を取ろうと苦労したが、娘はろくろ首だという噂が近くの村々まで広まり、誰も承諾するものがいなかった。父母は婿を取れずに豊かな家が断絶をしてしまうのを嘆き悲しんだが、江戸へ毎年商いにでている伯父が江戸で養子を探してみようと言い、ある年江戸でいろいろと探してみたが、誰一人として養子になるような人はなかった。

ある日、旅宿の暇つぶしに呼んだ貸本屋を見たところ、年頃や振る舞いなどが非常に気に入ったので養子縁組の話を勧めてみた。その若者が「私どもは貧しい暮らしをしております。親族も貧しいので婿入りの支度もできません」というと、伯父は「支度は私のほうで調える。参ろう」とさらに勧めるので「家も裕福で娘の容貌も良い、さらに支度もいらないというのは、何か特別な訳があるのでしょう」としきりに尋ねたけれど、「特に事情があるわけではない。ただろくろ首だと人が噂しているのだ」と言った。若者は「ろくろ首などというものがあるはずがない。またたとえろくろ首であるといっても恐れる事でもない。私が婿になりましょう」と言ったので、伯父は大いに喜んで「それならば早々に同行しよう」と言ったが、若者は親族に相談の上で挨拶いたしますといって自宅へ帰った。

若者が念のため親しくしていた森伊勢屋という古着屋の番頭に相談すると、番頭も婿入りを勧めたので、ついに決心して伯父に挨拶をした。伯父は大いに喜んで婿入りの様々な支度をし、その若者を連れ帰った。父母はことのほか喜び、娘の身の上を語って嘆いたが、私が婿になる以上は心配ないと若者が答えたので、両親は非常に喜んで若者を歓待した。

娘にはろくろ首らしい兆候は少しもなく夫婦仲良く暮らし、十年ほど過ぎて江戸へやってきて、「今は男女の子供もできたので、江戸へ出る事もゆるされた」と森伊勢屋にも訪れて昔の事を語ったという。

飛頭蛮（ろくろ首）『画図百鬼夜行』より（国立国会図書館）

二 怪談そのよる所ある事

柳原土手
千代田区神田須田町1～東神田2付近 ハーー C－1

文化六年（1809）の夏、柳原土手に夜ごと光を放つ物が出るともっぱらの噂がたった。その前年の台風の頃、神田紺屋町（ハー二）の嘉兵衛の十四歳の娘が、この土手の立置きの木材の倒壊で死んでしまい、その娘の妄念が陰火となって現れるのではないかというのだ。しかし、同町の三郎兵衛の店の髪結（かみゆい）の市兵衛が土蔵を鼠漆喰（ねずみしっくい）で塗り上げたことがあり、その壁の塗り斑に人の提灯（ちょうちん）の火影が映り、奇妙に光るのではないかということで、修復し筵（むしろ）張りなどをすると、この怪談は噂にもならなくなった、ということである。

闇峠に現れた火の玉女
『太平百物語』より
（国立国会図書館）

① 玉池イナリ（たまいけいなり）

千代田区岩本町2 二ー二 C－2

この辺りは低湿地帯で埋立てが進むとともに池ができた。池畔の茶店の看板娘、玉は二人の男に懸想され、困ったあげく身投げした。お玉稲荷はその娘を祀り、池の名にもなった。

② 両國橋（りょうごくばし）

中央区東日本橋2・墨田区両国1 トー二 F－2

明暦の大火後に老中酒井忠勝の建言で架けられた橋。上総の男が両国橋上で変になり気がつくと信州善光寺にいた。しかも三月五日が十月二十八日になっていた。天狗の仕業という。

③ 紺屋町（こんやちょう）

千代田区神田紺屋町 ハー二 C－3

「髪切り」という妖怪が各地の町に出た。知らぬ間に黒髪をばっさり切る。神田紺屋町では金物屋の下女が帰宅してから気付き失神した。「髪は女の命」、短い髪では嫁にゆけなかった。

④ 囚獄（伝馬町牢屋敷）（しゅうごく（てんまちょうろうやしき））

中央区日本橋小伝馬町 二ー三 D－3

現在の十思公園を含む付近一帯に、江戸時代初期から明治八年まで、「江戸伝馬町送り」で通用した牢獄刑罰所があった。面積二千六百余坪、周囲を二、三メートルの塀、その塀の内外を一間幅の堀が囲んだ。獄舎は平屋建の二重格子。常時二百から四百の入牢者、二百七十年間で計数十万人が入獄した。が、一人の脱獄者も出さなかった。それは牢名主を筆頭とする内部職制による支配が徹底したからだった。「安政の大獄」で吉田松陰らも収容された。公園内に吉田松陰記念碑が建つ。

⑤ 鎌倉町（かまくらちょう）

千代田区内神田2 イー三 A－3

鎌倉河岸は舟運の要地。そこに野衾（のぶすま）という妖怪が出た。イタチのような形状で目は赤く、胴体にそって膜があり空を飛ぶ。ムササビに似るが、猫を捕らえ血を吸ったという。

1 御曲輪内大名小路絵図へ

❻八町堀霊岸嶋日本橋南之絵図

4-1 神田古書店街・御茶ノ水駅周辺へ

7 京橋南築地鉄炮洲絵図へ

5 日本橋北内神田両国浜町明細絵図へ

19－1 本所深川絵図へ

八町堀霊岸嶋日本橋南之絵図

京橋駅・八丁堀駅周辺

一 不死の運奇談の事

四日市町
中央区新川1　ホー六　D－6

文化五年（1808）七月二十五日、戸塚、保土ヶ谷、三浦、三崎あたりで、高波が起こり海が大いに荒れた。数艘の船が壊れ、多くの死者が出たという。江戸四日市の干肴問屋の市兵衛という者が、その嵐にあいながら不思議と無事に帰ってきたという。

市兵衛は、相州（神奈川県）湯川村へ仕入れに行った帰り、湯川村の善左衛門の船に便乗することになった。船主善左衛門、水夫の八十七、市郎左衛門、半左衛門、長七、長七の兄の全部で七人が乗り込み、七月二十四日に船出した。その夜は浦賀の番所の手前で停泊し、翌二十五日の四つ時から船を出した。九つ頃平塚沖にいたると急に雲が湧き上がり、風雨が激しく波が高くなり、帆を下ろそうすると帆柱を流されてしまった。

風がますます強くなるので、船主の善左衛門たちが言うには「この分では命が助かる見込みがない。私たちは泳ぎも達者だから助かる見込みがあるが、あなたはそうではない。でも船の梁へしがみついて嵐をしのげば万一助かるかもしれません。」という。市兵衛は服を脱ぎ、細紐で船の梁へ体を結びつけた。非常に風が激しくなり船が波を被ったので、重い物は海へ捨て、船頭や水主は海に飛び込み船具などにつかまって泳いだ。市兵衛は船の梁にしがみついていたが、船は六、七度も高波に飲まれてしまった。いよいよ命も尽きるかと思ったそのとき、急に南風に変わり船は平塚宿（神奈川県平塚市）の海岸の方へ段々と打ち寄せられた。陸へおよそ一町ほどのところまで打ち寄せられると、海岸にいる人の姿が見えてきた。足で水の深さを測ってみるとへそほどだったので、梁に結び付けていた細紐をほどいて水の中を歩いた。陸の人が市兵衛に気付き助けにきて、ようやく岸にたどり着いたという。

市兵衛が乗っていた船は艫の方まで壊れてしまっていたが、市兵衛が陸にたどり着いた後、波に打たれて粉々になってしまった。しかし、船の梁へ身体を結びつけた時に放り捨てた財布は、水夫たちが船に結び付けておいてくれたので無事だった。乗組員のうち、船主の善左衛門、水夫の半左衛門、長七、幸左衛門は助かったが、八十七、市郎左衛門、長七の兄は溺死した。市兵衛は上陸後、介抱されて知人の平兵衛から衣類などを借り江戸へ帰ったという。

船幽霊『絵本百物語』より（国立国会図書館）

二 狐祟りの事

佐内町
中央区日本橋1・2　へ－二　E－3

文化七年（1810）、夏から秋にかけての頃、日本橋左内町に奇怪なことがあった。最中饅頭を商う菓子屋が、まだ十二、三歳の娘に名目上の婿を迎え、部屋にひとり寝をさせていた。夜更けになるとこの婿の部屋から話し声がする。部屋に立ち入った者もいないので母親が変に思って婿に尋ねたが、記憶にないというばかり。実はこの婿には狐が憑いていて「私はこの婿に縁があってやって来た女狐であり、いま懐妊している。子を産めば即刻ここを去る。その子をなにとぞ育ててほしい。影から養育するつもりだから、さして世話はかけない。不承知ならば私も死ぬし、婿の命も貰う」と口走ったのである。みな驚いたが、母親だけは「なんで狐の子など育てなければならないのだ。なにがあってもそんなことはできない」と烈しく断った。その後、婿も母親も病気になり、母は死んだ。今後どうしたらよいか、と向かいの薬屋が、私の知っている医師のもとに相談に来た、ということである。

三 不思議に失いし子に逢う事

永代橋
中央区日本橋箱崎町　へ－六　D－6

文化四年（1807）の八月十五日、深川八幡（⑲－1図　ロ－三）祭礼の節に、群衆の多さで永代橋が落ちた。ある町人の妻が、娘と四、五歳の男の子を連れて祭り見物にあり、三人とも水中へ落ち、行方知れずになった。夫や親族は、妻と娘の死骸は出て引き取ったが、男の子だけは行方不明。「海に流れたか」と嘆いたのであった。

ところが明けて五年の夏、巡り合えたという。尋ねると、神奈川の押送船（おしおくり）が流れて来る幼児を発見し拾い上げ、介抱すると息が戻った。どこの子かも判らず、事故後の永代橋へも来て、「子供を水中から助けた」と言って歩いた。その後も江戸へ出るたびに尋ね歩くうち、四月、買出しに出て茶屋で休み、「こんな子供を捜している人はいないか」と、たまたま居合わせた者に話すと、偶然にもその親。「私の子供がその年頃、永代橋で落ちて行方が知れない。もしや」と言うので、神奈川から連れて来て見せると、間違いないということで、親も神奈川の者も大いに喜んだ、という。

永代橋『江戸名所図会』より（国立国会図書館）

① 鎧ノ渡（よろいのわたし）・兜神社（かぶとじんじゃ）

中央区日本橋兜町　ト－三　F－4

ともに朝廷に背き関東に覇を樹てた平将門の遺跡。将門が鎧を竜神に捧げた渡し場と、将門を破った俵藤太がその首に添えた兜を塚にした所。後者が株で知られた「兜町」の由来になった。

② 永代橋（えいたいばし）

中央区日本橋箱崎町　へ－六　D－6

文化四年八月、深川八幡宮祭の参集者が大挙押し寄せたことで橋が崩壊。水死一千五百余人ともいう。この事故を機に民間橋（八十年間、渡り賃をとって修復維持）を本普請とした。

6 八町堀霊岸嶋日本橋南之絵図へ

❼ 京橋南築地鉄炮洲絵図

7 築地本願寺・銀座駅周辺へ

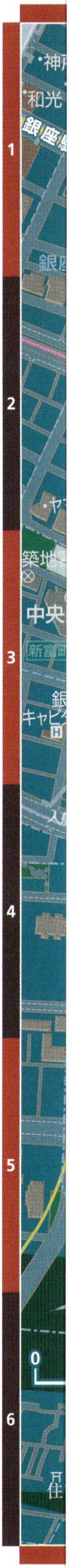

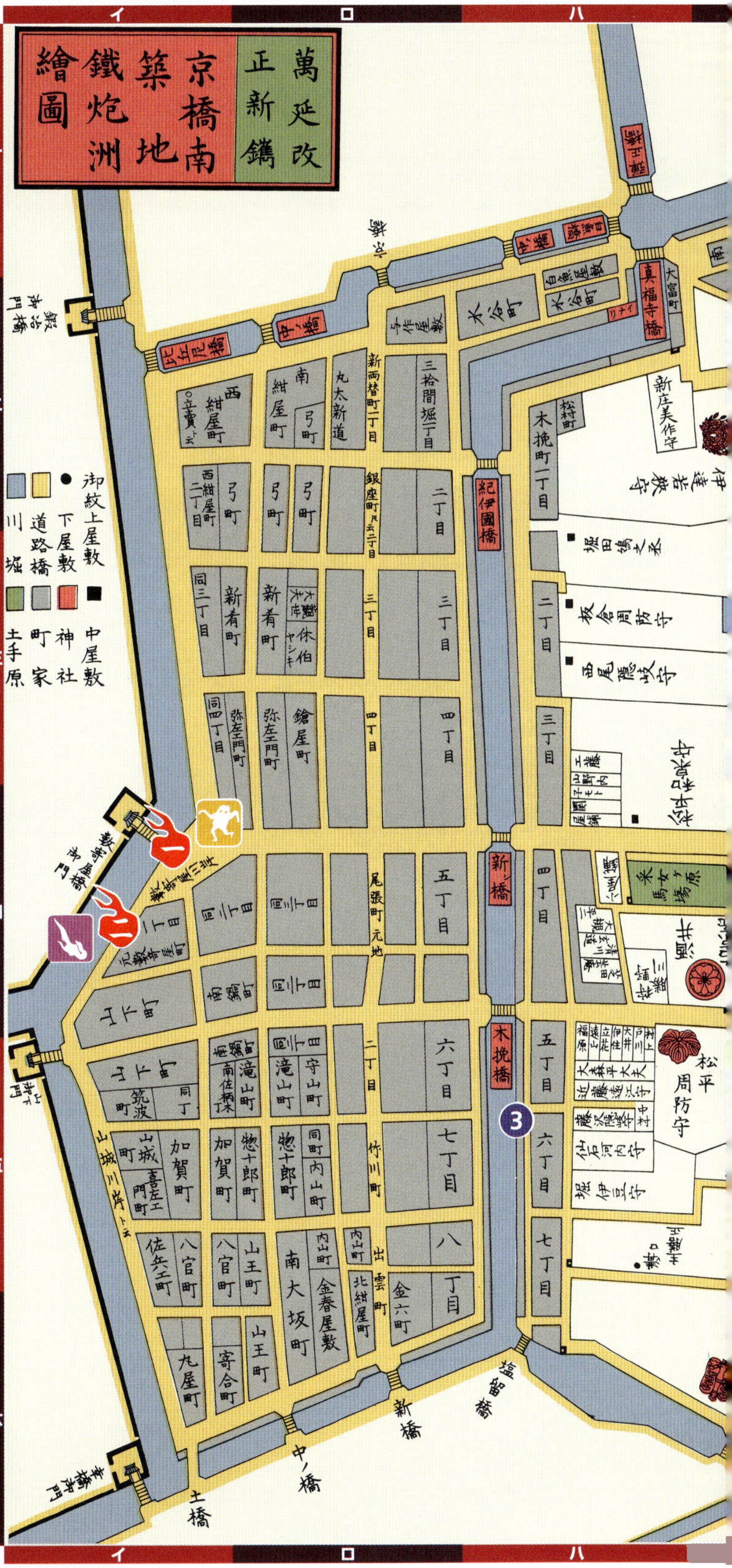

1 御曲輪内大名小路絵図へ

2 麹町永田町外桜田絵図へ

8 芝口南西久保愛宕下之図へ

文久元酉歳改正再刻
景山 致恭圖撰
麹町六丁目
金鱗堂 尾張屋清七板
御用地
石川嶋
本湊町
井伊掃部頭蔵屋舗
堀長門守
本多主膳正
中川修理大夫
松平大膳大夫
松平内蔵頭
備前橋
南飯田町
上柳原町
御軍艦操練所
一橋殿
松平越中守
稲葉長門守
尾張殿蔵屋舗
濱御殿

京橋南築地鉄炮洲絵図

……………… 築地本願寺・銀座駅周辺

一 房斎新宅怪談の事

数寄屋橋御門
中央区銀座4　イ−四　A−3

文化年間（1804〜17）、下町に房斎という菓子屋があった。評判のいい菓子をこしらえたので大変繁盛していた。

文化九年（1812）八月の頃、数寄屋橋の外へ移転した。召使の小者がその二階の戸を開けようとしたが、半分しか開かない。力をこめて強く叩いてみたが開かない。その物音を聞いて、「なんでそんなに手荒くやるのだ。壊れてしまうではないか」と亭主がやってみるとすらりと開いた。またしばらく経って他の召使が行き、開けようとしてが開かない。ようやく強い力で押し切って開いた。あくる日、またその戸を開けようにも開かず、激しく押すと、戸袋から女がひとり現れ、召使に組み付いた。驚き慌てて、突き飛ばし逃げると、消えうせてしまった。翌日、亭主が二階に上がると、昨日現れた女の単衣の着物が軒口に張り付いている。取り除けようとすると消えうせた。先に住んでいた人もこのような怪異があるために、房斎に譲ったのだと、人々は噂したものである。

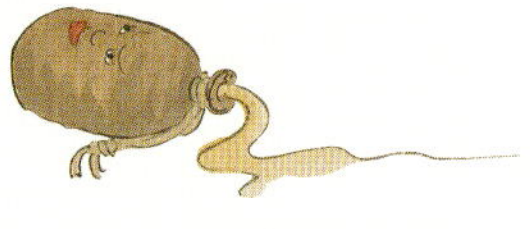

二 村政の刀御当家にて禁じ給う事

元数寄屋町
中央区銀座5　イ−四　A−4

村政の刀は徳川家に祟るということで禁じられている。このことは「後風土記」「三河記」などに詳しく記載され、世の人々のよく知るところである。

ある日、蔵書にあるとして人の語るところによれば、難波の御陣（大坂冬・夏の陣）か、あるいはそれ以前か、織田有楽斎（織田信長の実弟で、元数寄屋町辺りに屋敷を構えていた。「有楽町」の名は、有楽斎に由来する）が手ずから討ち取った首を持参して、御前にまかり出たとき、「手柄であった」というお褒めの言葉があった。「老人にしては少し大人気なく働いてしまいました。これは我が手で挙げたもの」と申し上げると、天晴れであるということで、その打ち物を御覧になった。有楽の槍を持って御覧になるうちに、どうしたことか、少しお怪我をなさってしまった。「この槍は村政の作ではないか」とお尋ねになり、その通りであると申し上げると、「村政の作は御当家には相応しくない（家康の祖父清康が村政の刀で殺されたため）」ということ、人々が申し上げたので、即座に折り捨てたということである。

古戦場火。『宿直草』には、大坂夏の陣での怪火の話が登場する
『画図百鬼夜行』より
（国立国会図書館）

1 水野伊勢守・松平周防守

中央区明石町　へ－三　E－3

赤穂藩五万石浅野家の上屋敷跡。浅野家は断絶、赤穂事件で八千九百坪の敷地は分配された。内匠頭夫人は剃髪、実家の備後三次藩浅野家に戻り蟄居した（現赤坂氷川神社の地）。

2 石川島

中央区佃2　ト－一　G－1

人足寄場が設けられていた。正しくは「加役方人足寄場」といい、寛政三年、「鬼平」こと長谷川平蔵宣以の建議により、軽犯罪者を収容、職業訓練を行っていた。

3 木挽町

中央区銀座7　ハ－五　C－5

元禄期、木挽町には森田座と山村座があり芝居町だった。山村座は絵島生島事件で廃絶。森田座は天保の改革で浅草猿楽町に移転。維新後、座元の守田堪弥は新富座として戻った。

築地本願寺と伊東忠太

築地本願寺（1）は、浄土真宗本願寺派（西）の別院で江戸四大寺院の一つである。明暦の大火後、幕府からここに湿地帯を得て信徒の合力によって埋め立てたので「築地」の名が付いた。

現在の寺院は昭和九年（1934）の建立。横広がりの異色異風コンクリート製巨大建築だが、なんとなく寺院に違いないと思わせる。外形はインドの寺院を模して、内部仏間は日本様式になっている。

その設計者が明治から昭和にかけて活躍した建築家、伊東忠太である。伊東の建築物は、その異風は建物だけでなく、さらに階段や柱の下部、上部との接合部や装飾に見ることができる。翼のある獅子、牛や象、鳥、馬、さらには鳳凰、どれもみな心象界のなかで生み出された異形の姿をしており、奇怪よりも聖空間を思わせる。伊東の設計した建物の多くには、こうしたアジア起源の化け物が取り込まれている。東京ではこの他、震災記念堂（墨田区横網2）、湯島聖堂（文京区湯島1）、一橋大学兼松講堂（国立市中2）、などでもこうした化け物たちに出会うことができる。

築地本願寺の翼のある獅子像

2 麹町永田町外桜田絵図へ

❽ 芝口南西久保愛宕下之図

6

1 皇居・東京駅周辺へ

2 日枝神社・日比谷駅周辺へ

9 今井谷六本木赤坂絵図へ

21 東都麻布之絵図へ

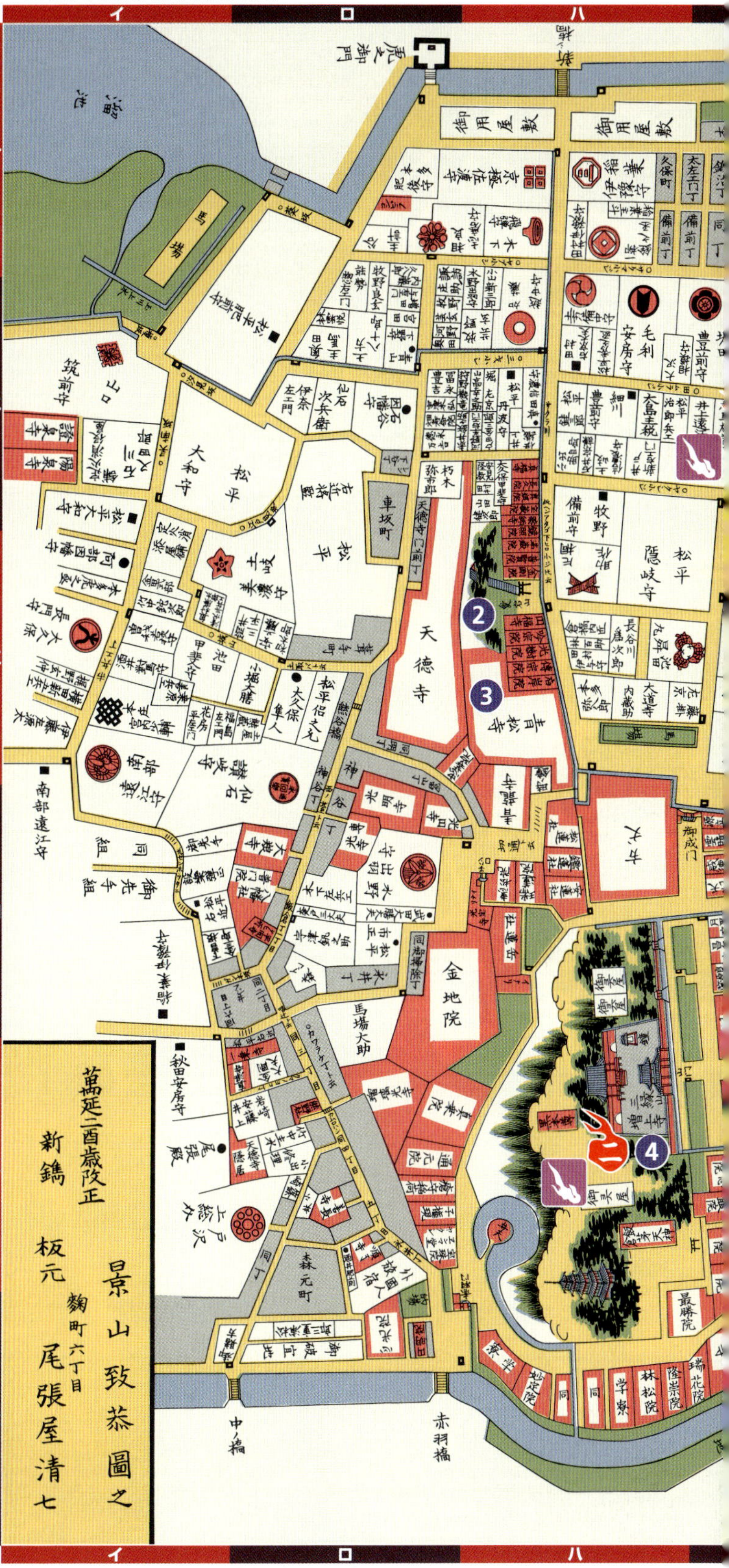

8

20－2 芝三田二本榎高輪辺絵図へ

7 京橋南築地鉄炮洲絵図へ

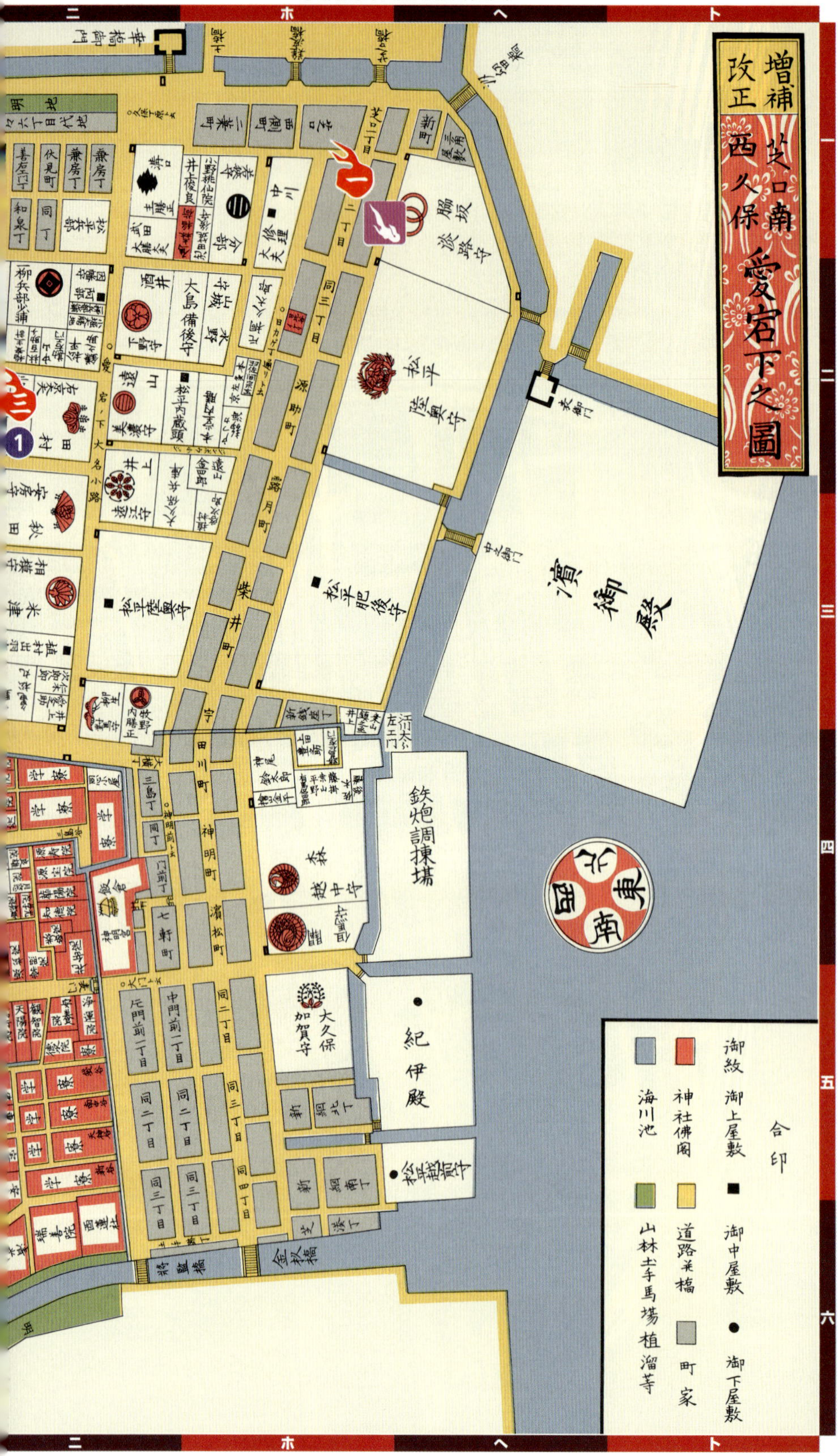

芝口南西久保愛宕下之図

増上寺・浜松町駅周辺

一 蘇生の人の事

芝口
港区東新橋1
ホーー　F－3

寛政六年（1794）の頃、芝のあたり、日雇い暮らしの男が急に病気になり、あっという間に死んでしまった。念仏講の仲間などが寄り合って寺へ運び葬ったが、一両日たって、塚の内に唸るような声がする。それも次第に大きくなるので、寺の僧も驚いて「掘り返してみよう」ということになった。掘り起こすと、どうも生きていることに間違いはない。寺社奉行へも報告し、その折りの町奉行、小田切土佐守の方へも、蘇生の届けを出した。しばらく療養すると、元気になったので当人に委細を聞いた。「死んだとは思いもしなかった。京都祇園のあたりを歩き、大坂道頓堀あたりも歩き、東海道を帰ってきたら大井川で路銭が尽きて川越の人が憐れんで渡してくれて、それから宿に帰ったら、真っ暗でわからなくなって大声をあげた。ただ夢を見ていたかのようだ」と語った。夢の中で冥府地獄の役人にも獄卒にも会わなかったというところが正直者である、と、みな感じて笑ったということである。

『御伽厚化粧』より（国立国会図書館）

二 非情といえども松樹不思議の事

増上寺
港区芝公園4
ハー五　C－5

文化八年（1796）、芝のあたりが大火となった。増上寺さえ危うく類焼を免れるほどで、防火のための火除け地として芝周辺の屋敷や民家は公収となり、空き地となる場所が増えた。

御先手を勤めた能勢なんとかという武家の屋敷も接収され、代替地の市谷（⓫図）あたりへ移転することになった。芝の屋敷には片目蛇山といって、なかば山地であり古く蛇が棲むという言い伝えがあった。とりたてて悪いことなど起こらず、むしろ久しく火災を免れ、先年の火事でもこの場所に逃げた人は助かっている。ここに松の大木の一樹があり、枝葉繁茂して見栄えのする樹で、手入れも要らなかったが、今回は伐ってしまうかという相談となった。近くの屋敷が所望したので伐り捨てるのも可哀相ということになり根を掘りかかった。

ところが一夜のうちに元のように土に埋まってしまってどうにも動かせない。能勢氏これを聞いて、松のところに行き、「樹齢久しい松よ。幸い、愛してくれる人が近くにいて、植え替えることを望んでいるから掘り起こすのだよ。しかし、何日も動かないということだと仕方ない、伐ることになる、明日は快く移ったほうがいい」と諭した。すると不思議にも、翌日は何事もなく、望んだ屋敷の庭に移ったということである。

三 奇石鳴動の事

田村右京大夫
港区新橋4　ニ－二　D－3

享和二年（1802）の夏、ある人がやって来て語ったことである。芝愛宕町の田村家の庭に、人が近寄らない石があるという。その理由は、むかし元禄の頃、浅野内匠守（たくみのかみ）が城中狼藉の罪ということで、田村家に預かりとなり、この庭で切腹ということになった。その切腹の跡地に大石を置いた。その頃、仙台の本家（伊達家）から「諸侯を庭にて切腹させるとは、礼を失したことである」としばらく不快の念が伝えられた。今年、理由は判明しないが、この石が鳴動するのである。意味は不明だが奇談であるのでここに記録する。

❶ 田村右京大夫（たむらうきょうだゆう）

港区新橋4　ニ－二　D－3

城中で刃傷沙汰を起こした浅野内匠頭は半日もたたないうちにここ、奥州一関藩主、田村右京大夫の上屋敷にいた。そしてその日のうちに切腹を命ぜられ、遺骸は泉岳寺に運ばれた。

❷ 愛宕山（あたごやま）

港区愛宕1　ハ－三　C－3

三代将軍家光は愛宕神社の急な石段を馬で登る者を求めた。多くが失敗したが、間垣平九郎はみごと騎乗のまま六十八段を昇降し、手折った梅の一枝を献上した。講談「寛永三馬術」で有名。

❸ 青松寺（せいしょうじ）

港区愛宕2　ハ－三　C－3

芦田勘助の墓がある。勘助は津山藩の槍持ちだった。藩主の大槍は長くて重く、今後を慮った勘助は槍を三尺ほど切り詰め、切腹。後に墓は勘助地蔵と呼ばれ、下の病にきくと信仰された。

❹ 増上寺（ぞうじょうじ）

港区芝公園4　ハ－五　C－5

徳川・松平家は浄土宗を宗旨としていた。家康は初めて江戸に入ったとき、麴町辺にあった浄土宗の増上寺に休んだ。城の増改築にあたり本丸の恵方にあたる芝の地に増上寺を移転させ、菩提寺としたという。この寺には抜け首の怪が伝わる。住職に叱られた下男の首が、夜、住職の布団の上に乗っていた。翌日、奉公人は、自分は怒ると首が抜ける抜け首という病気なのだ。と語って寺を去ったという。

2 日

2 麹町永田町外桜田絵図へ

❾ 今井谷六本木赤坂絵図

9 氷川神社・赤坂駅周辺へ

10 千駄ケ谷鮫ケ橋四ツ谷絵図へ

21 有栖川宮記念公園・麻布十番駅周辺へ

23 東都青山絵図へ

8 芝口南西久保愛宕下之図へ

21 東都麻布之絵図へ

今井谷六本木赤坂絵図

氷川神社・赤坂駅周辺

一　芸州引馬（ひくま）山妖怪の事

松平安芸守
港区赤坂5　ハー三　C－4

芸州（広島県。松平安芸守の国元）の引馬山（比熊山。三次市）には、立ち入れない場所がある。そこには地水火風空と記した五輪塔があり、三ン本五郎右衛門という妖怪がいると語り伝えられていた。

稲生（いのう）武太夫という剛毅な武士がいて、かねて懇意の力士と語らうには「いまの世に怪しい事などあるものか、魔の場所で酒でも呑もう」と、行って終日過ごして帰ってきた。

それから三日、一緒に行った力士は、仔細不明ではあるが死んでしまった。武太夫のほうは、十六日間、毎夜怪異が続き、家僕が暇を取る始末であった。しかし武太夫自身は意にも介さず暮らしたので、十六日目には妖怪も退屈してしまったのか「いやはや気丈な男だ。俺が三ン本五郎右衛門だ」と名乗り、その後、怪異のことは起こらなくなったが、妖怪は座敷内に糞便を撒き散らし、異臭が凄く、はなはだ不衛生きわまったということである。松平豊前守の家来が、この武太夫方に寄宿していた小林専助という者から聞いたことだ、と話してくれたことである。

二　蘇生せし老人の事

裏伝馬町一丁目
港区元赤坂1　イー二　B－2

文化二年（1805）の春のことである。赤坂裏伝馬町一丁目に、青物を商う吉兵衛という七十一歳になる者があった。

富士浅間（せんげん）神社を深く信仰して、富士山に参詣すること、前年までに四十三度ということであった。この男が文化二年の二月二十六日に死にますと、かねがね言っていた。知己に暇乞いなどして正月十八日から絶食し、水と酒だけの暮らしとなった。二月一日、菩提所の赤坂三分坂（**ハー四**）、浄土宗常経寺へお参りし、二十六日に死去いたしました、という届出をしたが「当人の届けでは受け付けられない」と笑われてしまったので、町内の政左衛門という者に頼んで届けを出し、二月三日からは水だけで暮らした。二十七日明け六つ時（午前六時頃）、確かに死去したが、昼九つ頃（正午頃）、息を吹き返した。付き添っていた連中が水など飲ませ、重湯などを食べさせると、言葉がはっきりしてきたので、どんなだったのか尋ねると「願いがあって蘇生しました」と答えた。もっとも、死去の際に知人たちから香典などもらい、金一両三歩二朱ほど集まっていたので、それをそれぞれ返却した。そのあたりではたいそう評判になった蘇生譚なので、その筋の者から聞いてここに記録しておく。

『御伽婢子』より（国立国会図書館）

❶ 紀伊国坂（きのくにざか）

港区元赤坂2　イー二　A－2

外堀と紀伊徳川家屋敷に挟まれた坂。夜、堀の縁に佇む娘がのっぺらぼう、逃げて屋台に飛び込むと、「こんな顔かえ」と振り向いた親父がのっぺらぼうという小泉八雲の「むじな」で有名。

❷ 弁慶濠（べんけいぼり）

港区元赤坂1　イー二　B－2

夜間、水中から子供の声がするので、助けようと武家の奉公人は手を差し出した。ところが相手は逆に引っぱりこむ。やっと離れた手は生臭く、何日間も寝込んでしまった。河童だという。

ぬっぺっぽう『画図百鬼夜行』より（国立国会図書館）

❸ 溜池（ためいけ）

港区赤坂2　ホー一　E－3

雨夜、溜池の落口のところで小僧が濡れそぼれていた。武士が「尻をはしょれ」と着物の裾を手に取ると、尻が光った。驚いて小僧を水に放り込むと消えてしまった。カワウソだった。

稲生物怪録（いのうもののけろく）

備後広島県は中国山地の三次（みよし）盆地で実際にあったといわれている少年武者の武勇譚。少年の名は稲生平太郎（武太夫）、享保二十年（1735）の生まれ、十四歳の時のことである。

寝ている平太郎のもとに、あたかも肝試しのごとく次々と襲ってくる化物群を記すと、塀の外から巨大なヒゲ手で掴みかかる朝日のような一つ目、天井いっぱいに広がる行灯の火（燃えない）、布団の上まで浸す水（朝にはすっかり引いているが、布団は濡れている）、髪で歩いて長い舌で全身を舐めまわす女の逆さ生首、というところでまだ三晩目。こんな異常が三十晩もつづいて、しかし動じない平太郎の前についに魔王の山本（さんもと）五郎左衛門が出現し、護身用の槌を置いて去る。『耳嚢』にも類似のものが伝わるこの話は、国学者の平田篤胤が筆写し、近代の泉鏡花や稲垣足穂も熟読していたという。

『稲亭物怪図説』より（西尾市岩瀬文庫）

3−1　3−2 東都番町大絵図へ

⑩千駄ヶ谷鮫ヶ橋四ッ谷絵図

10 新宿御苑・四ツ谷駅周辺へ

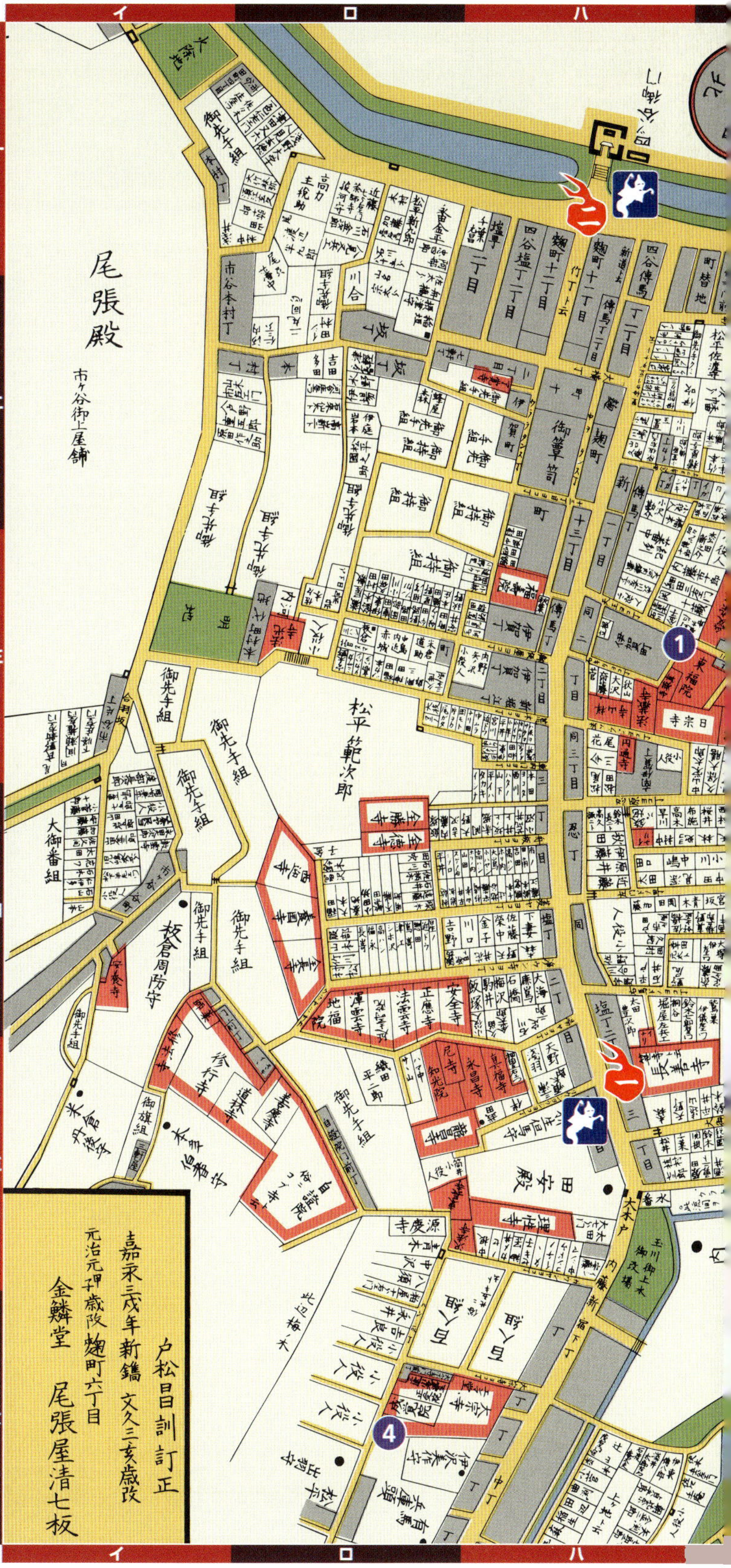

11 市ヶ谷牛込絵図へ

25 牛込市谷大久保絵図へ

2 麹町永田町外桜田絵図へ

9 今井谷六本木赤坂絵図へ

23 東都青山絵図へ

24 内藤新宿千駄ヶ谷辺図へ

千駄ヶ谷鮫ヶ橋 四ッ谷絵図

……………………新宿御苑・四ツ谷駅周辺

一 幽魂貞心孝道の事

長善寺
新宿区四谷4　八ー五　C－4

四谷長泉寺（長善寺）横町にますやという紺屋に、養子に入った夫婦があった。隠居と言葉の不自由な子供によく仕え、隣近所の人々も夫婦者の心栄えを讃え、隠居も非常に喜んでいた。まもなく、隠居は亡くなってしまったが、養子の妻もどうしたのか病にかかり、まもなく亡くなってしまったので、夫の嘆きはこの上なかった。養子の男は、知人や隣近所の人々に勧められ、後妻をもらうことになった。この後妻も夫の言い付けを良く守り、言葉の不自由な子供をかわいがって育てていた。

ある夜、夫が外へ出かけて留守の時、妻が一人で寝ていると、枕もとに先妻の幽魂が現れた。翌晩も現れたので恐れた妻が暇をいただきたいと夫に訴えたところ、夫は「あの先妻は、人を怨みに思って化けて出るような女ではない」といろいろ慰めた。しかし妻が決して気の迷いではないと重ねて訴えたので、巫女を呼んでお払いをしてもらうことになった。すると、先妻がその巫女に乗り移り、「二晩に渡って姿を現したのは私に違いありませんが、それは嫉妬や執着ではありません。新しく妻になった方へ詳しく事情を説明してお願いしたいことがあってでてきたのです」と言った。後妻が怖がりすぎたので上手く話せなかったのだという。続いて家の大体の事情を話して、先妻の霊は去った。後妻は、そうだったのかと納得して、その晩また幽魂が現れたが、今度は恐れずに話を聞いた。幽魂は、「この家は、私たち夫婦があの子供の養育を父親に頼まれて、全てを譲り与えられたものです。後妻のあなたは、良い人柄ですが、こうした最初の事情をご存知ないでしょう。こうした事情を詳しくお話しし、子供を可愛がり家を大切にして下さるようにと思い、こうして申し上げました。これ以外、私の願いはありません。くれぐれも夫や幼子をよろしくお願いします」といって、消えてしまった。

後妻は怖さを忘れ、先妻の霊の話を聞いて涙を流した。夫も先妻の魂の誠実さに感動し、「やはり先妻にはまだ心残りもあるだろう」と言い、施餓鬼などをしてやった。すると、ある夜の夢の中に先妻が現れ、夫婦の気持ちを喜んで、「成仏します」と語ったという。

子を思い姿を現した先妻の幽霊『太平百物語』より（国立国会図書館）

二 幽霊を煮て喰いし事

四谷
新宿区四谷付近　ハ―一　C―2

文化二年の秋のことである。四ッ谷に住む者が夜中に用事があって通りかかった道筋の前方、白装束の者が行くのでじっと様子を見た。腰より下が見えないので、どうやらこれが幽霊というものらしいと思い尾行した。ふと振り返ったその顔に、大きな眼がひとつ光ったので、抜き打ちに斬りつけると、「きゃっ」といって倒れた。取って押えて刺し殺すと、これが巨大な五位鷺(ごいさぎ)であった。担ぎ帰り、若い友人たちを集めて調理した。これが、幽霊を煮て喰った話となって巷の噂となったということである。

② 妙行寺(みょうぎょうじ)

新宿区南元町　ヘ―三　E―2

田宮家はこの寺の檀家。明治四十二年に移転し、お岩さんの墓と過去帳は現在、西巣鴨にある。過去帳に寛永十三年に三十六歳の没とあり、関ヶ原合戦の年の生まれ。夫の伊右衛門は五歳年少。

③ 於岩イナリ(おいわいなり)

新宿区左門町　ニ―四　D―3

『東海道四谷怪談』のお岩さんを祀っていることで有名だが、本来は田宮稲荷といい、お岩さんの生家、田宮家の屋敷神であった。実在のお岩さんは貞女の鏡と謳われた女性だったという。

④ 成覚院(せいがくいん)（寺）

新宿区新宿2　ロ―六　B―6

江戸四宿の一つ、甲州街道は内藤新宿の飯盛女（遊女）が死ぬと、米俵にくるんで成覚寺に投げ込んだ。明治中期まで三千体。万延元年建立の「子供合埋碑」がある。

① 東福院(とうふくいん)

新宿区若葉2　ハ―三　D―3

毎晩、豆腐を買いにくる小僧がいた。豊かな財布を持っているので、ある夜、後をつけていって切りつけた。と、小僧は地蔵に化していた。改心した豆腐屋が語る豆腐地蔵由来。

⑤ 富士(ふじ)

渋谷区千駄ヶ谷1　ト―六　F―6

江戸時代に大流行した富士講の講員によって築かれた富士塚。表面を溶岩石で覆い登山道も設け、富士山を忠実に再現している。講の拠点として信仰の対象とされ、江戸の各所に造られた。

3-

10 千駄ヶ谷鮫ヶ橋四ッ谷絵図へ

⓫ 市ヶ谷牛込絵図

11 神楽坂・市ケ谷駅周辺へ

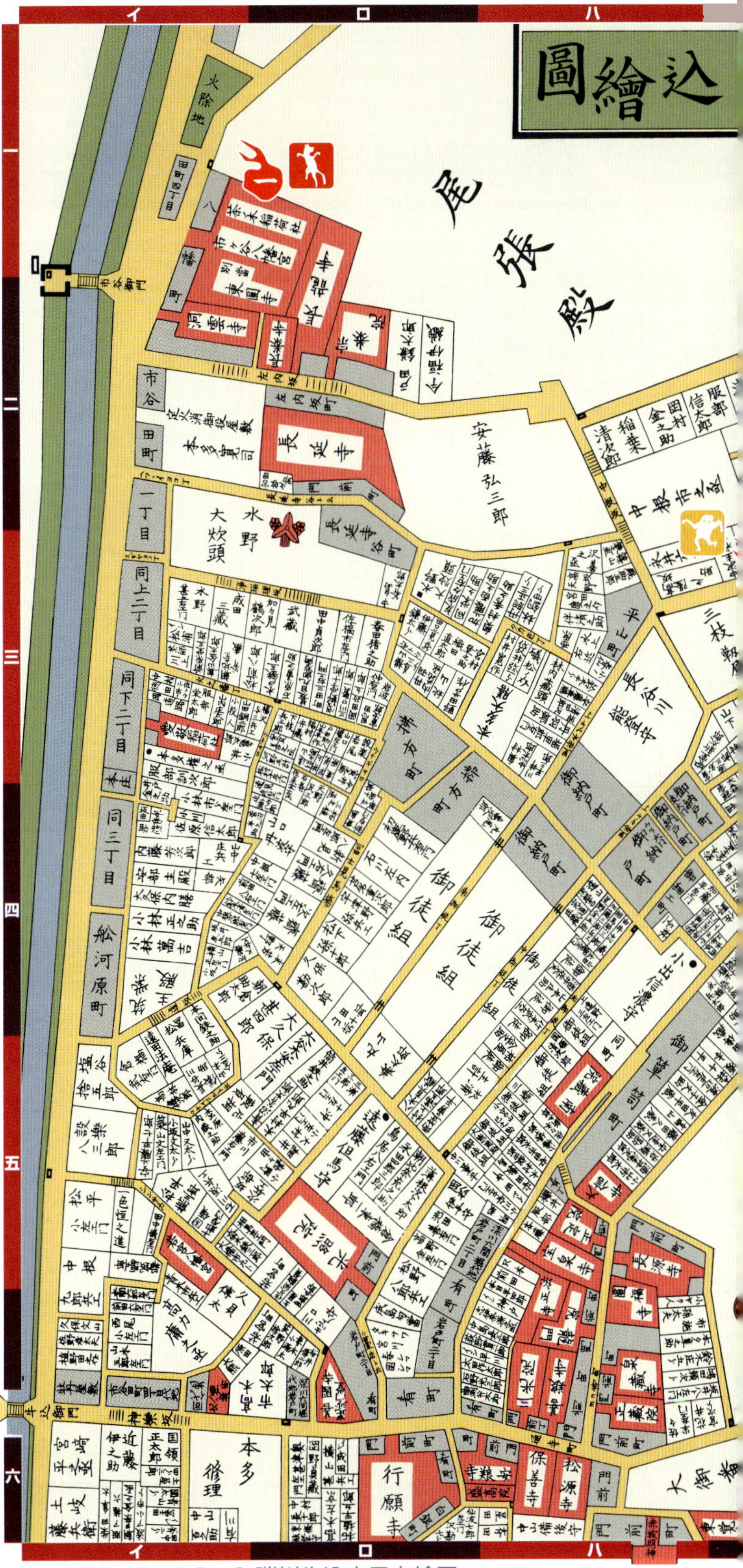

3-1 3-2 東都番町大絵図へ

12-1 12-2 礫川牛込小日向絵図へ

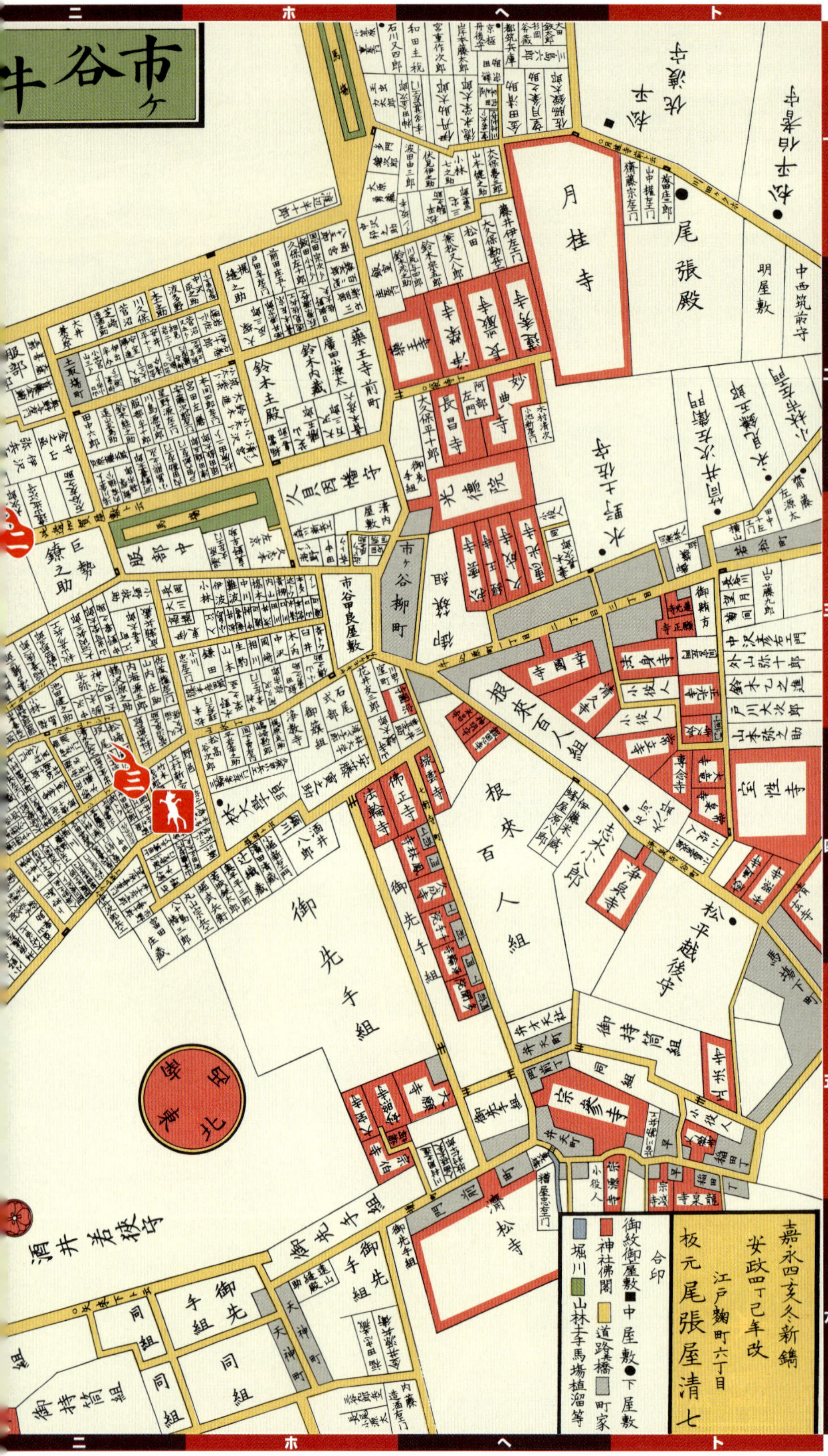

25 牛込市谷大久保絵図へ

市ヶ谷牛込絵図

神楽坂・市ケ谷駅周辺

一　狐痛所を外科に頼み　その恩を報ぜし事

茶ノ木稲荷社
新宿区市谷八幡町
イ－一　B－2

田安家の外科医に横尾道益という長崎生まれの者がいる。長崎にいた頃、なんとかして江戸で医業を営みたいと願っていたが、なかなか叶わなかった。

ある時、一人の男が治療を頼んできた。肩に打ち傷があったのですぐに薬を与えると、数日で治ってしまった。男は道益に厚く礼を述べ、持ってきた金二百疋を渡そうとしたが道益は「あなたが旅の途中でお困りだというので薬を施したのです。別に悔いはありません。旅の費用にしてください」と断って金を返すと、男はさらに厚く礼を述べ、どうしても受け取ってほしいと言う。道益が「それにしてもあなたはどちらのお人ですか」と尋ねると、男は「もう隠さずに申し上げますが私は狐です。江戸市ヶ谷の茶の木稲荷から、こちらへ使いに来た者です。途中瓦を投げつける者がいて、思わぬ怪我をしました。おかげで全快し明日帰郷いたします。あなたは江戸へ出たいという願い持ちながら今まで叶いませんでしたが、来年赴任する長崎奉行との関係で江戸へ出ることになります。江戸へ出られたら、市ヶ谷に何某という頼れる者がおります。困ったときにはその者を頼ってください」といって立ち去った。不思議なことだと思っていると、翌年、長崎奉行が腫物の病気にかかり、道益の治療を受け快復したため、道益は江戸へ出ることを勧められた。さらに翌年、奉行の役目交替に同伴して道益はようやく江戸へ出てきた。

道益は馬喰町辺りに落ち着いて店などを借りると、最初から患者が訪れ、仕事もほどほどにあって暮らしていた。ある夜の夢に例の男が出てきて「ここは安全ではありません。早々に市ヶ谷へ引越しなさい」という。「確かに長崎でも、この男が言ったとおりのことがあった」と思い、すぐに市ヶ谷に行き例の何某を訪ねた。その主人は大変驚き「最近、夢に茶の木稲荷が現れ、あなたのことを告げられました。お世話します」と言って、竜慶橋（立慶橋。⑫－1図 二－三）あたりに土地を借り、道益をそこに住まわせた。ほどなく馬喰町辺りが火事で焼けてしまったので、ますますその稲荷を信仰した。その後すぐに田安家に仕えることになり、安心して医業を営めるようになった。道益の妻は、直接狐と言葉を言い交わしたという。

夫に化けて人妻にかよう狐『宿直草』より（国立国会図書館）

二 旋風怪の事

加賀屋敷
新宿区市谷加賀町1・2 二―三 C―2

俗にかまいたちというものがあって、つむじ風に巻きこまれて怪我(けが)する者がある。私が知っている人にも怪我をした者がいる。そのことについて、ある人が語ったことがある。弓術に名の高い人で、与力(よりき)に召抱えられた安富運八の子に源蔵と源之進の二人があった。二人が幼年の頃、門前が加賀屋敷原であったので、その原でよく遊んでいた。運八が通りかかると、二人の子供が、つむじ風に巻かれて廻っている。声をかけたが、答えもなく巻き込まれてひたすら廻っているので、飛び掛り二人を引っ張り出して宿元に連れ帰った。上の子は黒い小袖を着ていたが、そこに鼠の足跡のようなものが一面にくっついていたので打ち払った。末の子は木綿の衣服であったので跡が付いていなかったという。かまいたちという獣は鼠(ねずみ)・鼬(いたち)のようなもので、風の内側にいるのだろうか。つむじ風に巻かれると、このようなことがあることを人は知らないのではないだろうか、とその人は語ったのである。

三 猫物をいう事

山伏町
新宿区市谷山伏町・北山伏町・南山伏町 二―四 D―3

寛政七年（1795）の春、牛込山伏町のとある寺で猫を隠し飼いにしていた。

あるとき、鳩が庭で遊んでいるのを、この猫が狙っていたので、和尚は声をかけ鳩を逃がしてやった。すると猫が「残念なり」と人語を発したのである。和尚は大いに驚いて、「畜類のくせに人の言葉を話すとは奇怪至極。化けて人間を誑(たぶら)かすことになろう、人語を話せるなら、もう一度話せ。否というなら、殺生戒を破ってもおまえを殺すぞ」と怒った。すると猫は「猫が人語を話すことは私に限ったことではない。十年余りも生きたら、どんな猫でもみな話せるのだ。それからもっと十四、五年も過ぎれば神異、天変のことだって出来るようになる。そこまで生きた猫がまだいないだけだ」と言った。「なるほど、おまえのいうことはわかった。だがおまえはまだ十年も生きていないではないか」と和尚が聞くと、「狐と交わって生まれた猫はその年月を経なくても人語を話せるのだ」と言うので、「そうか。よし、今日おまえが人語を話したことは私以外誰も知らない。しばらく飼うことにする、このまま暮らせばよい」というような会話となった。すると猫は三拝し、その場を去ったという。

その後どこへ行ったか行方知れずになったと、その最寄の住人が語ったということである。

猫又『化物箱根先』より（国立国会図書館）

3－1 東都番町大絵図へ

⑫－1 礫川牛込小日向絵図

3－1 靖国神社・市ケ谷駅周辺へ

3－2 イギリス大使館・四ツ谷駅周辺へ

4－2 飯田町駿河台小川町絵図へ

14 小石川谷中本郷絵図へ

13 東都小石川絵図へ

11 市ヶ谷牛込絵図へ

12-2 礫川牛込小日向絵図へ

礫川牛込小日向絵図

…………小石川後楽園・飯田橋駅周辺

一 真木野久兵衛町人へ剣術師範の事

牛天神
文京区春日1　ハ—五　C—5

享保のころ、牛天神のあたりに道場を持つ、剣術の達人と呼ばれた真木野久兵衛という一刀流の名人がいた。町年寄りの三人だったか、または裕福な町人三人だったかが、その噂を聞き連れ立って道場に弟子入りした。もっとも「金銀はどれほどかかっても構いませんから、すぐにでも免許を受けられるように教えて下さい」ということだったので、久兵衛は「なるほど、そのようにいたしましょう」と答えていた。三人はその後もしきりに免許の伝授を望んだので、とうとう久兵衛は「来る何日、三人連れ立って桜の馬場（江川太郎左ェ門掛御鉄砲練場。⑭図 イ—五）へ何時に来てください。私も参ります」と約束した。

その日の夜亥子のころ、三人の町人は桜の馬場へ到着した。久兵衛もやってきて「約束の免許を伝授いたしましょう。私も走りますから、あなた方三人もこの馬場の端から端まで走ってください」という。三人が言われたとおりに走っていると、久兵衛が後から必死に走ってくる。しかし老齢の久兵衛は馬場の半分ほどで息が切れて倒れてしまった。三人は馬場の端まで走り切ってからそれに気付き、戻って久兵衛を介抱した。

三人は久兵衛を介抱しながら「おっしゃる通りに走りました。免許を伝授して下さい」と願った。すると久兵衛は「老人とはいいながら私は途中で倒れてしまった。あなた方三人は息切れすらしていない。これが伝授の極意です。それだけでよろしいのです」と言う。三人が「一本の太刀筋の伝授もなく、これだけで免許の伝授が終わりとは納得がいきません」と詰め寄ると、久兵衛は「私の剣術はすべて、人を斬るための剣術ではありません。身を守る技術です。こちらから求めて敵に向かうのではなく、向うからまた向かってくる時は、その危険を避け、やむを得ないときは危険を破る剣術です。あなた方は町人なので武士とは違い、身に危険が降りかかったら逃げるに越したことはありません。武士は逃げる事の許されない身分です。町人は逃げてもなんら問題ありません。今日、私は皆さんに追いつこうと思ったけれども追いつけませんでした。あなた方三人ともあの通り走れば逃げ足の達人です。すなわちこれが私の流儀の極意なのです」と語ったという。

『狗張子』より（国立国会図書館）

二 天理にその罪遁れざる事

白銀町
新宿区白銀町 ヘ―二 F―2

築土白銀町に、たばこ屋次助という者があった。成功し人も使うようになり、夫婦暮らしていたが、文化三年（1806）に患って死んだ。妻もほどなく死んでその店も家財も無くなった。同町の三四郎という次助と同郷の者が話すには、「次助は藤堂和泉守の領地、勢州（三重県）の者で、十年前、友達と喧嘩して相手を傷つけ入牢し、所払いで済んだが、直後、相手は死んでしまった。所払いでなければ殺人犯。巧くやったものだという噂だった。しかし天罰は下るものだ。夫婦ともほぼ同時に死に、誰も継ぐものもない」と語った、という。

❶ 神楽坂

新宿区神楽坂1～5 ホ―一 E―1

坂の上から堀の土手の向こう側に提灯が見えた。見ていると一つが行き違うように二つになり、それがさらに六つまで増えると、ふたたび一つに寄ってしまった。狐火だという。

❷ 牛天神

文京区春日1 ハ―五 C―5

江戸開幕まで外堀辺の低地は入海だった。源頼朝がこの丘で波の静まるのを待ってまどろむと、夢に牛に乗った天神が現れた。これは瑞祥と建立したので、牛天神という。

安政の大地震

ペリーの黒船来航が嘉永六年（1853）六月、翌月にはロシア艦隊が長崎へ来ている。この時期、天変地異が頻繁で異国船の来航も天のなす業かと思わせるものがあった。翌年四月には京都大火で御所が炎上。六月に近畿地方を大地震が襲う。十一月には四、五の二日つづいて大地震と大津波が関東、東海、紀伊半島から九州を襲った。人心の動揺はなはだしく、月末に嘉永を安政に改元。

その翌年の安政二年（1855）十月二日、マグニチュード8を超える大地震が江戸を襲った。安政の大地震である。倒壊焼失家屋一万四千余、死者七千から一万といわれ、その際に尊皇攘夷派の中心、水戸藩九代藩主徳川斉昭のブレーン、藤田東湖が藩邸（1）の長屋で圧死している。老母を背負って逃げるうちのことだった。現地は都の旧跡に指定されている。

この後、江戸にコレラ（死者四万人）が流行するなど、幕末の風雲がいよいよ急を告げる。

「安政二年江戸大地震火事場の図」（国立国会図書館）

11 市ヶ谷牛込絵図へ

4-2 水道橋駅・飯田橋駅周辺へ

14 東京大学・根津駅周辺へ

⑫-2 礫川牛込小日向絵図

12-1 礫川牛込小日向絵図へ

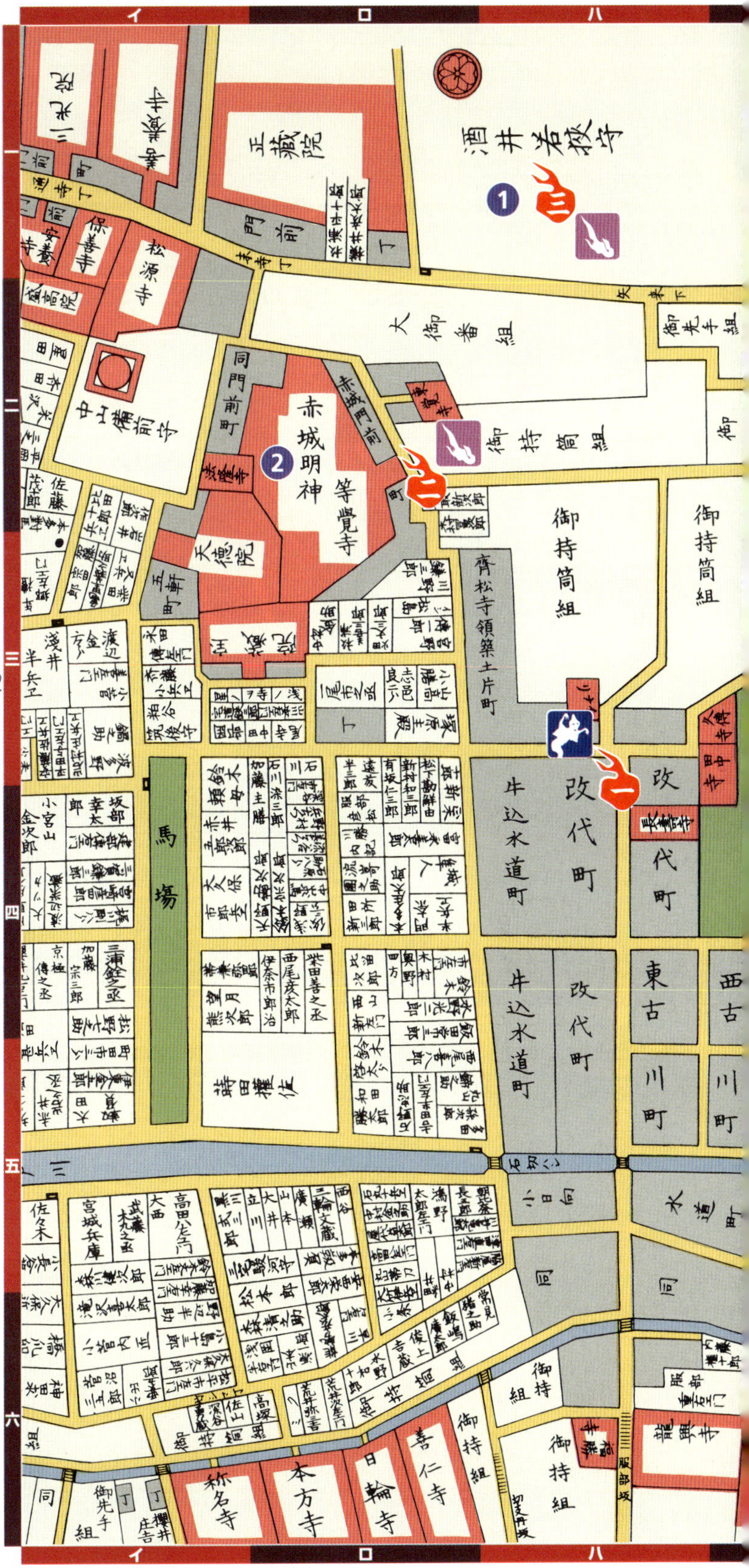

13 東都小石川絵図へ

25 牛込市谷大久保絵図へ

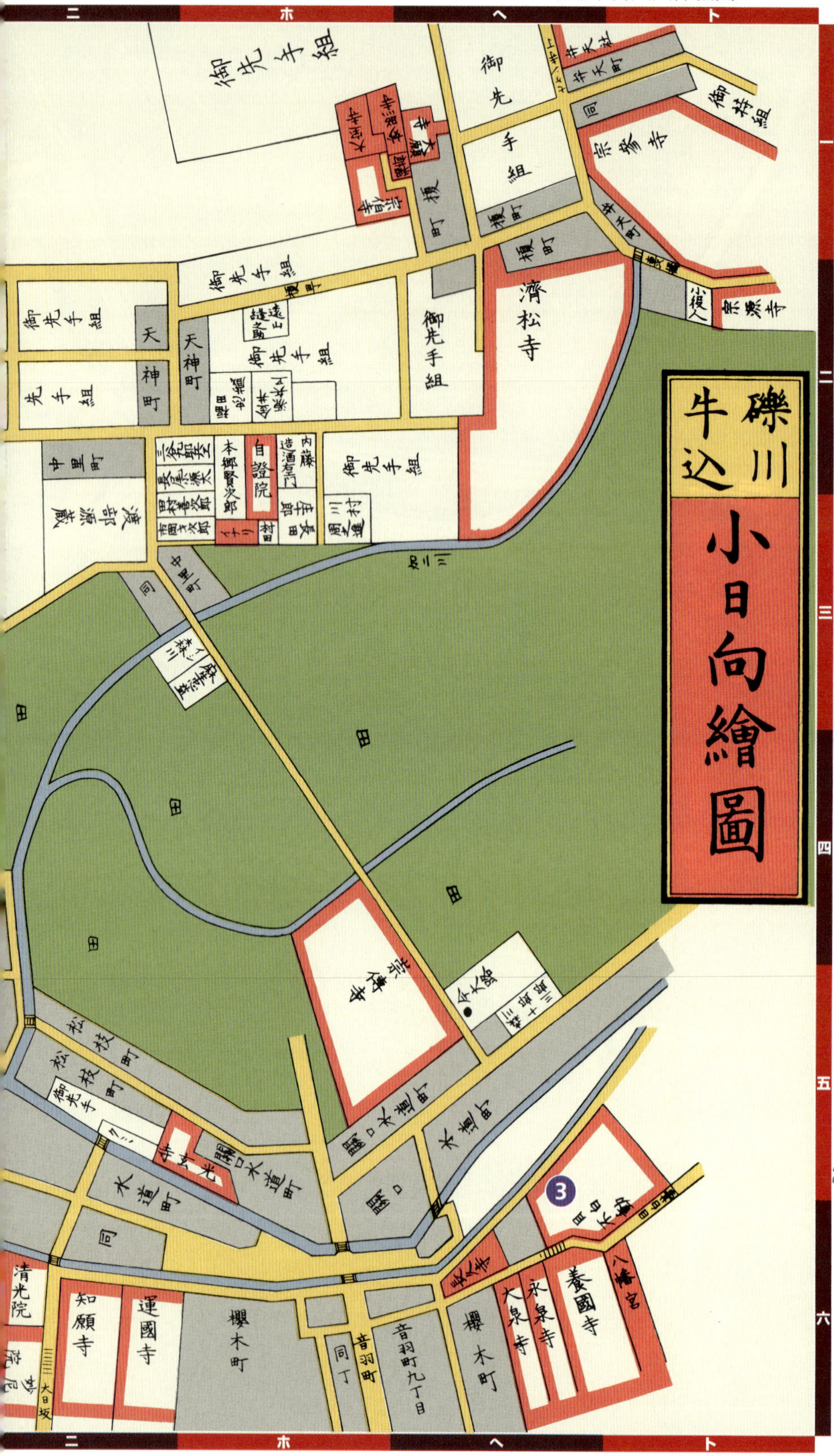

25 牛込市谷大久保絵図へ

26 雑司ヶ谷音羽絵図へ

26 雑司ヶ谷音羽絵図へ

礫川牛込小日向絵図

……………神楽坂駅・江戸川橋駅周辺

一 怪竈（かいそう）の事

改代町
新宿区改代町　八－四　C－4

よほど以前の事になるが、改代町に住んでいた日雇いの男が、古道具屋でひとつの竈（へっつい）を買って帰ったという。

家で煮炊きに使ってみたが、二日目の夜、竈の下を見ると、なんと汚らしい法師が手を出しているではないか。

驚いて、次の夜も試してみると、同じことが繰り返される。下に箱をあつらえて、割り薪（たきぎ）などを入れておいたので、人が入り込むような隙間はない。

気持ちが悪くなり、売っていた店に行って「あの竈は気持ちが悪い。取り替えてほしい」と頼んだ。

最初の価格に少し足して高く払い、ほかの竈を手に入れた。すると怪異はなくなった。

そうこうするうちに日雇い仲間が竈を調えたというので、どこで買ったのか尋ねると、同じ店だった。一両日ほど過ぎて、その仲間が訪ねてきた。「不思議なことがある。毎晩、竈の下に怪しいことが起きる」と語るので、「そうだろう。俺も話すよ。あの竈、一度は買ったんだが、怪しいことが起こって気持ち悪いので取り替えた。おまえも取り替えたほうがいい」と教えた。

後から買った男も少々の金額を上乗せしてほかの竈と引き換えた。

しかし、あまりに不気味なことなので、竈を商っていた古道具屋に行き、「あの竈はいたい何なのだろう」と訊ねると、「ほかに売ったがまた返ってきたよ」と言う。

そこで怪異が起こることを話すと、「売り物に傷つけるような話だ」と少し怒るので、「では、あなたの台所に置いて実際に使ってみるといい」と言って別れてきた。

古道具屋は一ヶ所ならともかく二ヶ所から返ってきたのは、さすがに何かわけもあるだろう、と思ってお勝手に置いてお茶など煎じてみると、夜、はたして汚らしい坊主が手を出して跳ね回る様子である。夜明けを待って早々に、竈を打ち壊してみると片隅から金子が五両出てきた。「さては何処かの坊さんが、いささかの金子をここに貯えたまま死んでしまい、その妄念が残ったのだろう」と人は語ったことである。

鳴釜『画図百器徒然袋』（国立国会図書館）

二 吝嗇翁迷心の事

赤城下
新宿区赤城下町　ロ－二　B－3

文化元年（1804）四月の頃である。赤城下にひとりの老人が住んでいた。子供もなく独り住まいで、小さい商売をしては少しづつ利益を得て生計をたてていた。朝夕の食事もきちんと摂らないほどのけちで、明け暮れ稼いでいたが、あるとき風邪をひいてしまった。近隣の者が心配して訪ねてみると、どうも具合が悪いと答える。

ある朝、近所の人が、竈の前に倒れ死んでいるのを発見した。人を呼び集めて立ち入ってみると、まことに天命を全うしたのであろう、傷なども見当たらず、病死であるのは間違いない。妙なのは両手でひとつの財布を握っていることだ。死金を貯えていたのだろうと、これを改め調べようとすると放さない。近くの僧侶を呼んでお経を読んでもらって取ろうとしても放さない。役人も「心から大事にしていた金だろう。恐ろしい」ということで、そのまま葬ることになった。「金であれば十両にも満たないであろう」とあたりの人は語ったということである。

三 御府内奇石の事

酒井若狭守
新宿区矢来町　ハ－一　C－2

牛込の山臥（伏）町に酒井靭負佐忠進の下屋敷があった。先祖の忠勝空印の頃に拝領したものでむかしは御成などもあった、由緒ある屋敷である。その屋敷の中には長安寺という寺院まであったが、そこに馬石という、馬の形をした岩石があった。ちょうど胴にあたるあたりに鉄砲で打ち抜いたような穴があったというが、それはむかし巨大な馬が夜な夜な出てきて人々が驚いたのを、主人が命じて鉄砲で撃った痕、すなわち穴はその弾傷であるという。いまもって顕らかな形を残している、と近隣の人が語っている。

① 酒井若狭守

新宿区矢来町　ハ－一　C－2

若狭小浜藩酒井家の上屋敷。初代藩主は三代将軍家光時代の大老、忠勝。家康の妹を母に持つ忠勝は、家光からの信頼も厚かった。寛文二年没。藩邸内の長安寺に葬られた。

② 赤城明神

新宿区赤城元町　ロ－二　B－3

上野国赤城山麓の豪族、大胡彦太郎重治が国元の赤城神社を勧請したのがはじまり。その後、早稲田から現在地に移され、天和三年、幕府により牛込の総鎮守とされた。江戸の三社のひとつ。

③ 目白不動

文京区関口2　ヘ－五　E－5

三代将軍家光が江戸鎮護を目的として祀った五色不動（目青・目赤・目黒・目白・目黄）の一つ。目白や目黒の地名はこれに由来する。戦災後、豊島区高田の金乗院に移転。

27 東都駒込辺絵図へ

⑬ 東都小石川絵図

26 雑司ヶ谷音羽絵図へ

12−1 小石川後楽園・飯田橋駅周辺へ

12−2 礫川牛込小日向絵図へ

14 小石川谷中本郷絵図へ

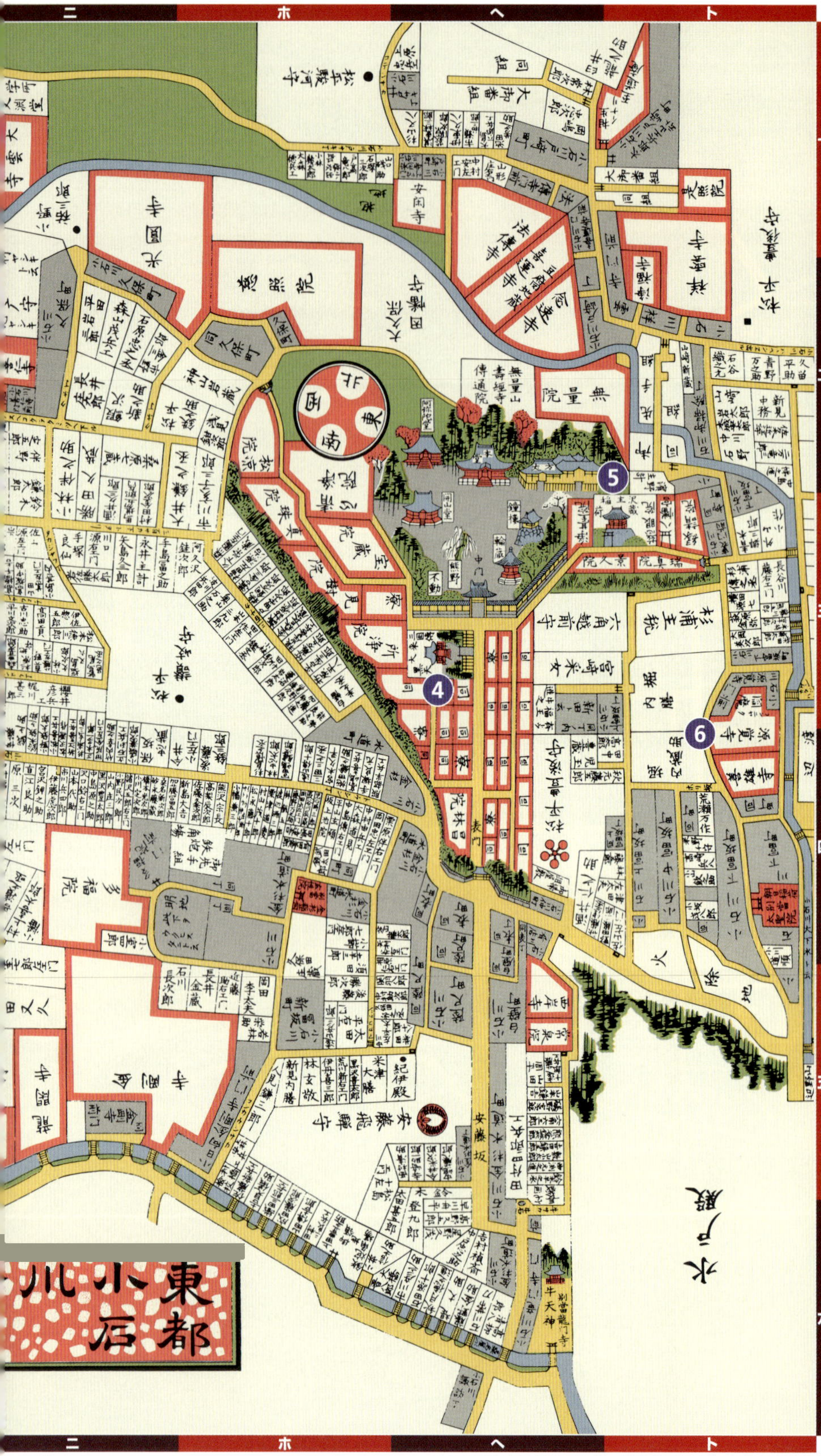

12−1 礫川牛込小日向絵図へ

東都小石川絵図

伝通院・茗荷谷駅周辺

一 荒木坂下妖怪の事

アラキサカ（荒木坂）
文京区小日向1　ロ―六　C―5

文化十一年（1814）戌の年の六月、ある人が語ったことである。
当月三日の夜のこと、桜木町近くの荒木坂に奇異なことが起きた。その町のなんとかいう銭湯の門先で、いろいろと油揚（あぶらあげ）を作り売る屋台があった。夜の五つ時分までなかなか売れて繁盛をしていた。そこへどこかの中間（ちゅうげん）のような風体の連中が三、四人現れて、油揚を注文しその場で食いはじめた。このような風体の連中は時として無銭飲食をして逃げることがあるので、気をつけていたがつい眠気を催し、何とかこらえてはいたが、思わず眠ってしまった。気づいたときはあたりに人影も無く、例の中間たちはどこへ消えたかわからない。屋台に仕込んでおいた油揚は残らず無くなっていて、かれこれ合わせて六、七百文の損害である。もっともこの場所人通りは少ないといっても、まだ五つ頃ならたくさん人が出るところなので、これはもう完全に狐のしわざだろうと、近くに住む人は語ったということである。

二 意念奇談の事

小日向水道町
文京区小日向1・2・水道2　イ―六　B―6

小日向水道端に、婦人の治療や、お産の取り扱いが上手で有名な山田斉叔という医師がいた。三代にわたり、この地に住んでいたが、享和二年（1802）の正月、斉叔は重い病気に罹り、起居もままならぬ有り様となった。同月十六日のこと、「少し気分がいいので近くのお寺に詣でて、閻魔さまを拝んで来ようと思う」と言う。妻も子も「こんな大病をしているのだから、駕籠を仕立てて、詣でてくださいませ」などと諭しすうち、その日の夕方、斉叔は死んだ。この斉叔と普段から懇意にしている人がいた。近所に住んでいる御賄方を勤める人であったが、この人がたまたま子供を連れて閻魔さまに詣でた。すると途中で斉叔と行き合った。久々のことで、病気の様子などを尋ね、別れたという。それから日数もすぎて、斉叔の家を訪れたときに正月十六日の閻魔詣でについて訊くと、「なかなか参詣などできる具合ではなかったけれど、こんなことがありました」と語ったということである。

『狗張子』より（国立国会図書館）

1 林泉寺(りんせんじ)

文京区小日向4　イ−四　B−3

祈願時に紐で縛り満願時に解く、しばられ地蔵が立っている。苦しみを代わりに受ける(代受苦)、その痛々しい地蔵の姿に祈願者は有り難さと慰めを感じ改めて信心を固くする。

2 深光寺(しんこうじ)

文京区小日向4　ロ−四　B−3

奇想の物語作者、滝沢馬琴の墓がある。戒名「著作堂隠誉蓑笠居士」は自分の撰、壇に庵の彫刻(隠誉蓑笠)も自身のデザイン。『南総里見八犬伝』を口述筆記した息子の嫁、路の墓も脇に並ぶ。

3 キリシタンサカ(きりしたんさか)(切支丹坂)

文京区小日向1　ハ−四　C−4

この段丘にキリシタン取調所・牢獄があった。別名コロビ坂は急なためとも拷問でコロブからとも。最後の入牢者は宝永五年に入国を試みた宣教師シドッチ。間もなく廃止となった。

4 三国伝来大黒天(さんごくでんらいだいこくてん)(福聚院(ふくじゅいん))

文京区小石川3　ヘ−三　E−5

赤い唐辛子の輪を首にかけた唐辛子地蔵はゼンソクに御利益がある。咳のため好きな唐辛子を断たれて死んだ人を慰めるために供えた唐辛子だったが、いつか咳止め祈願となった。

5 沢蔵主(たくぞうす)(司)稲荷(いなり)

文京区小石川3　ト−三　F−4

伝通院に沢蔵主という優秀な学僧がいた。門前のそば屋では沢蔵主が来た日、売上げのなかに木の葉が混じる。そのあとをつけると稲荷社の祠に消えた。以後、この名がついたという。

6 源覚寺(げんかくじ)コンニャク閻魔(こんにゃくえんま)

文京区小石川2　ト−三　G−5

片目の濁ったこんにゃく閻魔が在す。眼病の老婆の篤い信仰心に応えて、この閻魔は自分の目玉一つを与えた。老婆は御礼として大好きなこんにゃくを断って閻魔に捧げ続けた。

⑭ 小石川谷中本郷絵図

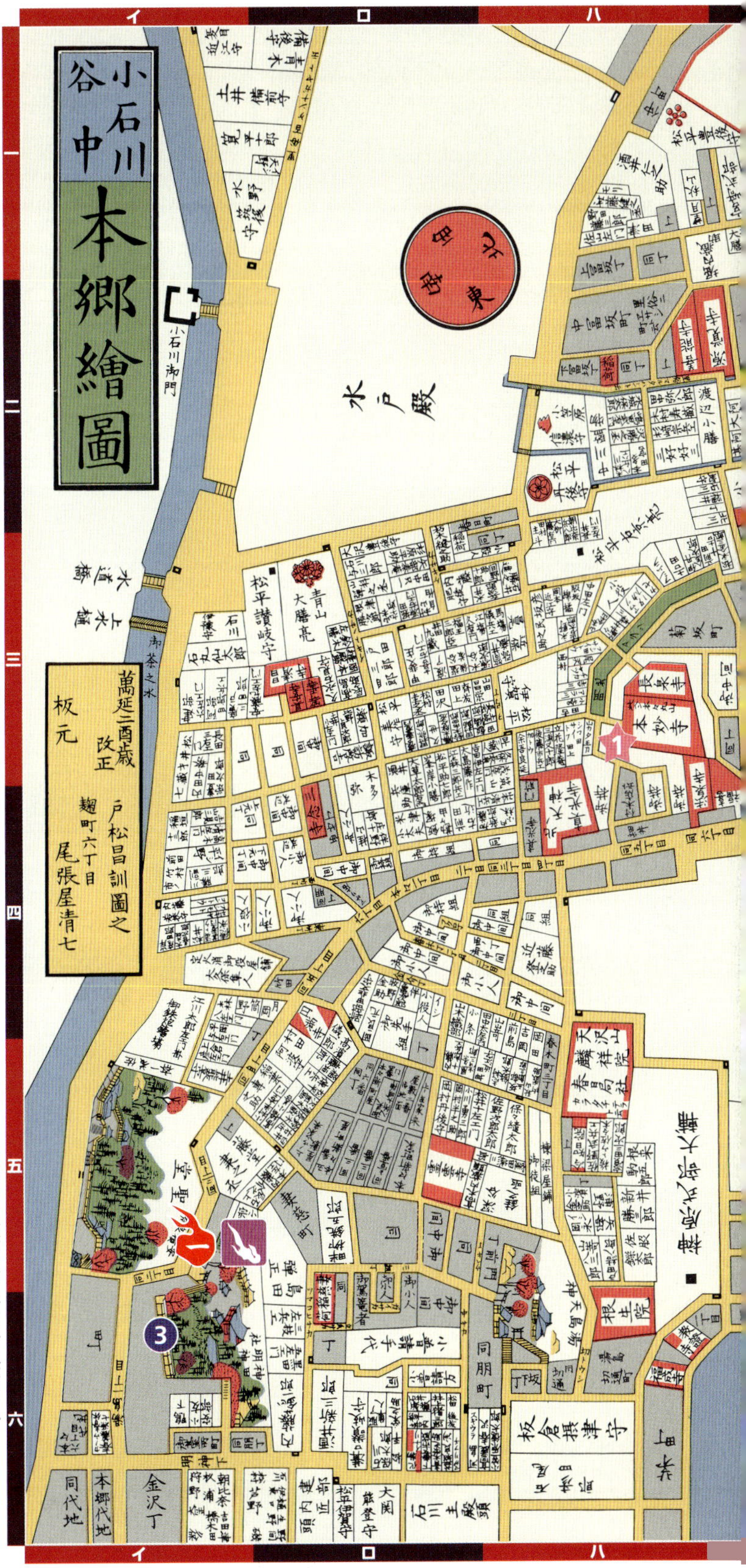

26 鬼子母神・護国寺駅周辺へ

4−2 飯田町駿河台小川町絵図へ

4−1 飯田町駿河台小川町絵図へ

15−1 東都下谷絵図へ

13 東都小石川絵図へ

27 東都駒込辺絵図へ

29 根岸谷中日暮里豊島辺図へ

15−2 東都下谷絵図へ

小石川谷中本郷絵図

東京大学・根津駅周辺

一 恩愛奇怪の事

神田明神社
千代田区外神田2
イー六　A－5

神田明神前から御茶の水（イー三）へ出るあたりにあった船宿の娘は、二、三歳なのに、まるで大人のように立派な文字を書いた。船宿は両国に引っ越したが、その墨跡は誰もが賞賛した。文化三年（1806）、娘六歳のころ、疱瘡に罹った。父母は介抱したが、その甲斐なく死んでしまった。母は嘆きのあまり、娘の亡骸に取りすがると、「神田へ行くだけ、心配しないで」と聞こえたという。やがて葬式を出し、ただ嘆き暮らした。

ときに、この娘と同じ年くらいの娘を持つ知人が神田にいた。こちらの娘がしきりに「両国に行きたい」と言うので、連れて船宿へ行くと「帰りません。ここに置いてください」という。「どうした」尋ねると、いままで筆など持ったこともないのに、すらすらと文字を書く。まるで死んだ娘のようである。神田の親は連れ帰ろうとしたが、「私はこの家の娘です。帰りません」と首を振る。仕方なく両国に置いたまま、実親は帰ったということ、もっぱら巷の噂である、と人が語った。

二 死霊その血縁をたちし事

玉林寺
台東区谷中1
ヘー五　E－5

下谷か浅草あたり、家の名前はわからないが、代々、若死にの家系があったという。養子をもって相続をしていたが、ただひとり血筋の娘があった。これをみんなで大事に育てていたが、ふと病気になってしまった。諸方の医師が手を尽し、祈念祈祷もしてもらったが、一向によくならない。

あるとき夜更けて、見知らぬ小坊主がひとりやって来た。「わたしはこの家の三代前の主人に仕えていた者であるが、つまらぬ間違いをしただけで無情にも殺されたのである。弔ってももらえず、後始末も非道なもので、どうにも恨みが晴れない。これまで祟ってやったので、血筋はあの娘ひとりなのである。それももう程なく取り殺すことになっている」と言う。こちらは夢中で「それはもっともな理由だと思うが、年月もたっていることだし、いまのこの娘が死んだとしても、あなたの妄執は晴れません。納得できません」と答えた。「では我が墓が山谷の玉林寺にある。どうか追善供養をしてほしい。そうすれば娘の病気は治癒するだろう」と言う。あくる日、さっそく寺に詣でて、小僧の言った塚があるのを確かめて、手厚く追善供養すると、不思議にも娘の病気はすぐに快癒した、ということである。

『御伽婢子』より（国立国会図書館）

1 円乗寺

文京区白山1　へ－二　F－2

八百屋お七の墓がある。お七は天和三年、火付けの罪で処刑された八百屋の娘。放火理由を恋としたあたりから、抑圧された欲望を美しく開放するヒロインとして大きく成長した。

2 大圓寺

文京区向丘1　ト－二　F－2

素焼きの大皿、焙烙を笠のように被った「ほうろく地蔵」が鎮座する。お七の焦熱地獄を供養するために建てられた。が、俸給を俸禄といったから、俸給生活者も守護仏として参詣した。

3 神田明神社

千代田区外神田2　イ－六　A－5

中世、時宗の遊行僧が平将門を土地の神々と一所に社に祀った。それを江戸城鎮護神として大手町付近から江戸城憲門の現在地に遷したのだという。祭礼では神輿を城内に繰り込ませた。

4 瘡守（笠森）稲荷

台東区谷中7　ト－六　G－5

門前茶屋の看板娘、お仙を浮世絵師鈴木春信が錦絵に描いて、物見高い江戸っ子が押し寄せ唄にもなった。笠森は瘡守（かさもり）で疱瘡（天然痘）のこと。現在の功徳林寺辺にあたる。

振袖火事

明暦三年（1657）一月の大火のことを振袖火事と称する。火元は本郷丸山の本妙寺（1）、二ヶ月間雨なしのところへ北西のからっ風、火は南に燃え広がり江戸城西の丸から本丸、五層の天守閣も焼落ち、鎮火するまで二日間、札の辻まで燃えた。死者十万余をだしたこの大火後、その埋葬のために両国回向院が建立され、隅田川には両国橋が架けられた。焼失寺社百五十余を郊外に移転、火除け地、広小路を設置、新しい江戸の町が造られていった。

商人が愛娘のための施餓鬼に、生前着ていた振袖を燃したところ、それがおりからの風に煽られ本堂に飛んだことが原因といわれ、そのため振袖火事と呼ばれるようになった。しかしこの名称は二十五年後の八百屋お七の火事以前には見られないことから、火事と娘の怨念を結びつけたい心象が働いたのではないかと考えられる。また真の火元は隣接する備中福山藩阿部屋敷という説がずっとある。

『むさしあぶみ』より（国立国会図書館）

4-2 水道橋駅・飯田橋駅周辺へ

4-1 神田古書店街・御茶ノ水駅周辺へ

⑮-1 東都下谷絵図

4-1 飯田町駿河台小川町絵図へ

5 日本橋北内神田両国浜町明細絵図へ

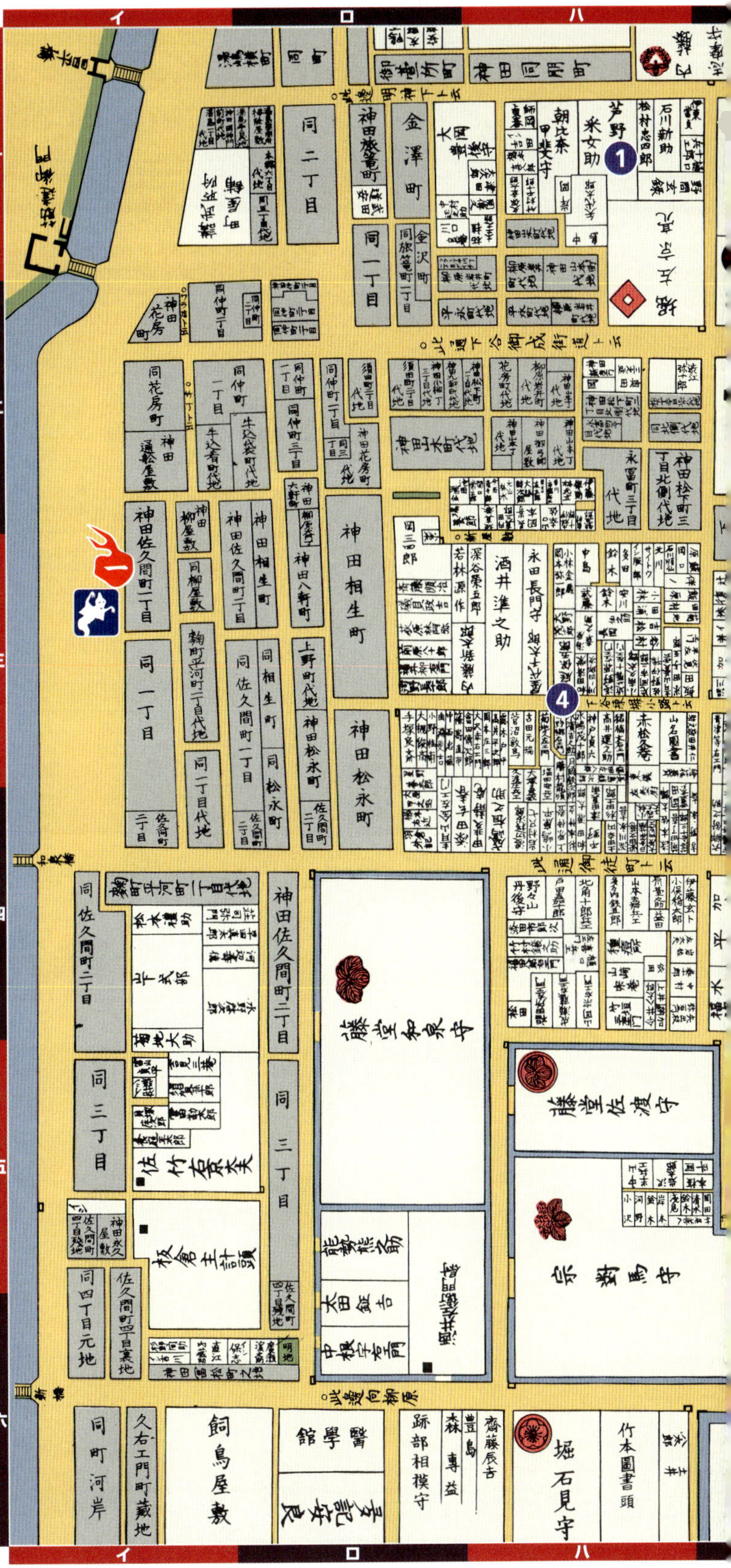

16 東都浅草絵図へ

14 小石川谷中本郷絵図へ

15-2 東都下谷絵図へ

東都下谷絵図

……………… 秋葉原駅・御徒町駅周辺

一 霊気狐を頼み過酒を止めし事

神田佐久間町
千代田区神田佐久間町　イ－三　A－2

神田佐久間町に住んでいる者で、酒を好んで朝でも夕でも構わず呑んでいる者がいた。

この者があるとき女房に「酒を五合半用意して飲ませろ」と言い付けたので、女房はいつもの通り心得て、ちろり（酒を温める筒状の器）を下げて隣の酒屋に行き、五合の酒を注がせて帰ってきた。酒を温めてそのおやじに出したところ、おやじはよろこんで茶碗に注ごうとしたが、酒は一滴も出てこなかった。

おやじは女房を呼びつけ「これは一体どういうことだ」と叱ったが、女房も非常に驚き「ちゃんとお酒を注ぐところを見ていましたから、こんなはずはないのですが」と言って、またちろりを持って酒屋へ行った。今度は酒一升を注がせて家に戻り、すぐに温めて出したのだが、おやじが茶碗に注ごうとすると、また一滴も出てこなかった。おやじは大変不機嫌になったが、女房が酒を注がせるところを自分でしっかり見届けているので、とにかく不思議なことだと思っていた。女房もこの事態に驚き「このごろ夢に母親が現れて、とにかくお前様の大酒は身のためにも家のためにも良くないことだから、あなたがよくよく意見をして酒をやめるように言いなさい、と申されたので、以前にお前様に一通りは申し上げました。でも全く聞いてくださらないので、さらには申し上げませんでした。そうした事がこのことの原因なのでしょうか」という。おやじも「俺もそのような夢を見たが、大したこともないと思ってほうっておいた。だが、そういうことならば酒はやめよう」と言って、その後しばらくは酒をやめていた。すると、そのときに消えてしまった酒や徳利、ちろりなどが見つかったのだった。

ところがおやじはある時、近所の寄合で禁酒の誓いを破り酒を呑んでしまった。するとまた酒の道具が紛失し、女房は気が狂ったようになってこんなことを口走った「先妻の霊があなたの酒が過ぎるのを心配して、狐に頼んで意見してもらったのです。それなのにあなたはその誓いを破りました。だから再び狐に頼んであなたに取り憑いてもらいます」と。おやじはこれを大いに恐れて「今後は決して酒を口にしません」と誓った。すると女房の狂気も急に治まったという。

二 水神を夢みて幸いを得し事

下谷
東叡山寛永寺東麓一帯　へ－二　F－2

寛政六、七年（1794・95）の頃、もみぬきという工法で造る井戸が流行した。下谷・本所あたりの水が悪い地区でも、掘って樋を入れてもみぬいて井戸を造る。この工法は水に不自由していた土地に大きく役立った。発明者は本所中の郷（⑱－1図　へ－三）に住む伝九郎という井戸掘りである。この男、ある夜の夢枕に、天女ともいうべきひとりの婦人が立ち「私は水神である。近いうちにおまえの家に行くであろう」と言った。しばらくたった夏の頃、川端で水を浴びていたら、足に触るものがある。水から取り上げてみると、一体の木像であった。あの夢に出た天女とも思え、さっそく持ち帰って、水神ならば竜王の姿をしているのではないかと、近所の修験者に見せて訊くと、「これは水神。水神は天女の姿をしている」とのこと。そこで宮殿を拵え、勧請して朝晩お祈りをした。それからというもの、万事好調。いまは多くの人を使うまでになった。伝九郎といえば知らぬものなき井戸掘りであるということである。

① 芦野采女助（馬琴住居跡）

千代田区外神田3　ハ－一　C－1

滝沢馬琴が文政七年、五十七歳からここに居住、『八犬伝』を書きついだ。十二年間後、息子に死なれて孫のために御家人株を購入、その信濃町の家へ息子の嫁の路ともども引っ越す。

② 池之端仲町

台東区上野2　ト－一　F－2

寛永寺の了翁禅師が創始した薬屋、錦袋園の娘は十八のとき、池に入って大蛇と化し、主として棲んでいたが、明治初期に印旛沼へ移っていった。池に祀られている弁財天の申し子だった。

③ 下谷広小路

台東区上野2　へ－二　F－2

江戸の町は明暦の大火後に形が定まった。町造り策として寺院を外郭にまとめ寺町とし、火除け地を各所に設けた。広小路もそのひとつで、寛永寺門前町として栄えることになった。

④ 下谷練塀小路

台東区秋葉原5付近　ハ－三　C－3

寛永寺への御成街道から入り込んだ練塀小路辺は歩兵集団「徒組」の居住区。譜代大名の松江松平家に寛永寺の僧を名乗って乗り込み活躍する茶坊主、河内山宗俊が住んでいた。

歌川広重『東都名所　上野山王山』（国立国会図書館）

14 小石川谷中本郷絵図へ

⑮-2 東都下谷絵図

4-1 神田古書店街・御茶ノ水駅周辺へ

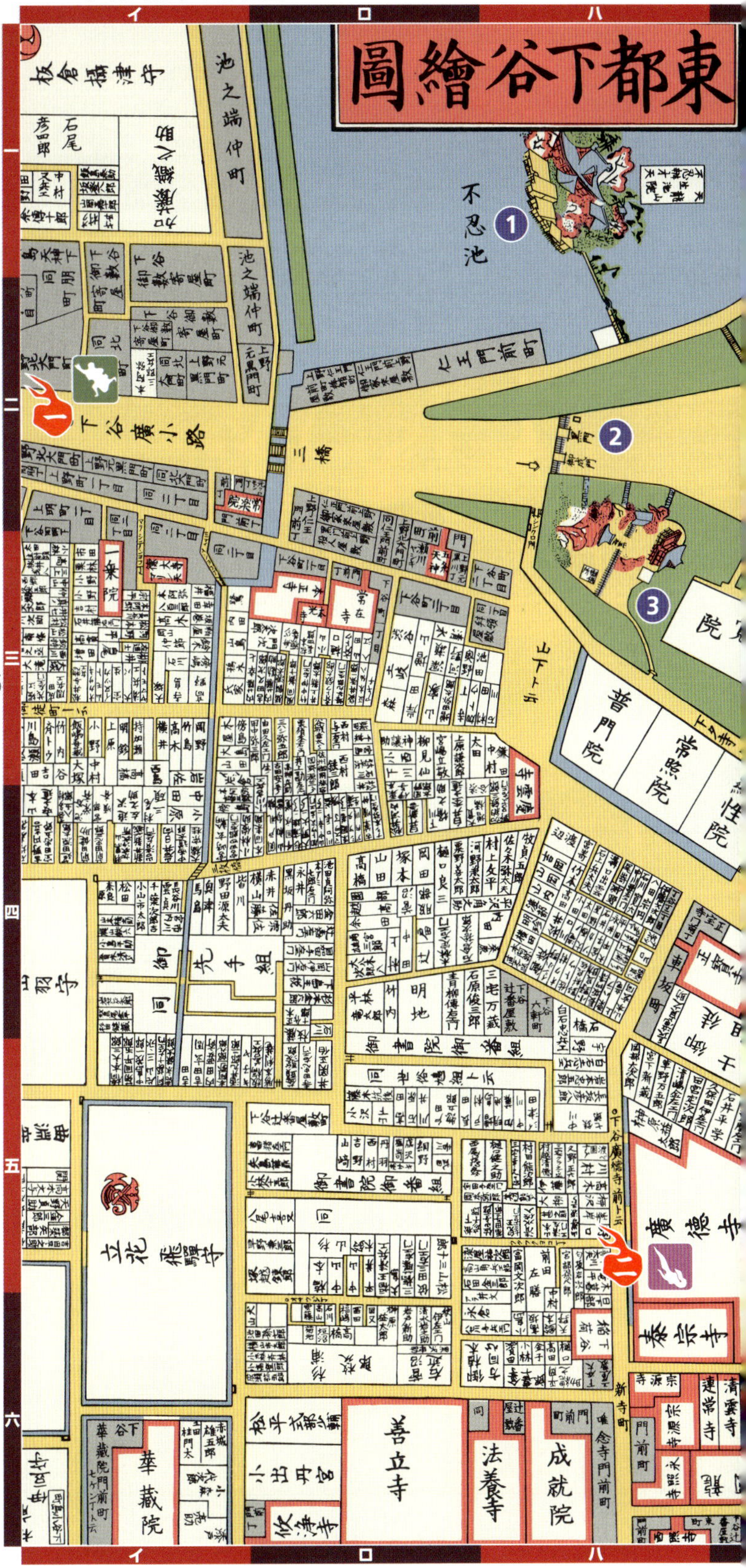

15-1 東都下谷絵図へ

5 明治座・日本橋駅周辺へ

16 東都浅草絵図へ

29 根岸谷中日暮里豊島辺図へ

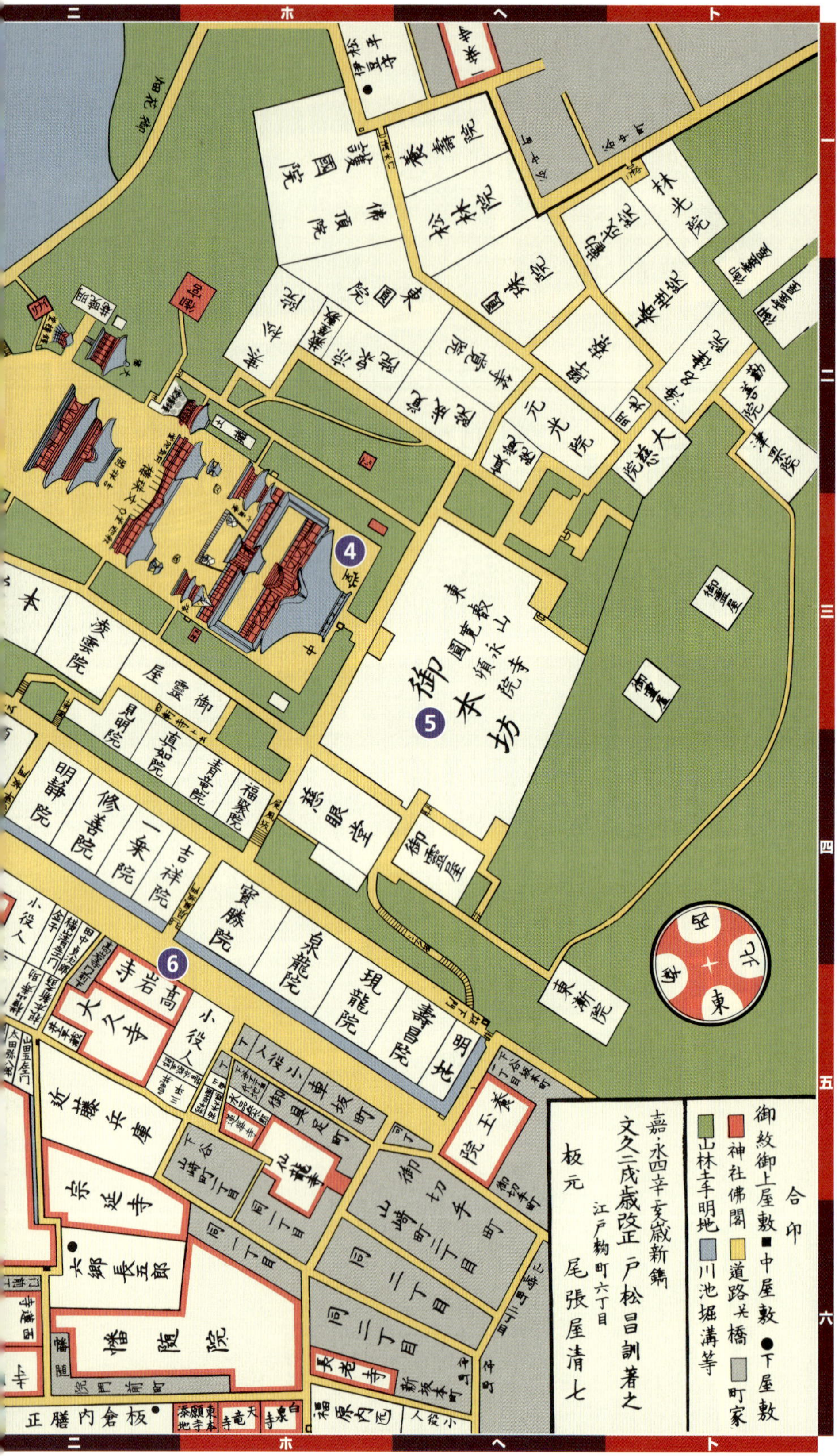

17 今戸箕輪浅草絵図へ

東都下谷絵図

不忍池・上野駅周辺

一 賤妓家福（かふく）を得し事

下谷広小路
台東区上野２付近　イー二　A－２

下谷広小路に茶屋を出している下級女郎屋へ、加賀（金沢藩前田家）の足軽風の男が客でやって来た。ひとりの遊女を買って遊んで帰ったが、鼻紙差しを忘れた。遊女が追いかけてみたが影も見えない。「また来るかもしれない」と中を調べたが変なものは入っていない。ただ谷中感応寺（天王寺。⓮図ト－六）の富札が一枚あったので親方に預けておいた。その後、例の足軽はやって来ない。訊ねて行きたいにも名前も知らないので仕方ない。富札は捨てるのもいかがなものと、富籤（とみくじ）の当日、感応寺へ行くと、不思議にも、これが一の富に当たってしまった。金子百両ほども受け取り、あの足軽を尋ねようと、加賀の屋敷や分家の出雲守（越中国富山藩）、備後守（加賀国大聖寺藩）の屋敷などを訪ねたが、雲を掴むような話でわからない。

親方は「これは感応寺の仏のご加護であろう」と、その門前へ百両を元手に酒店を出し、妻がいなかったので、例の遊女を妻として今は相応の暮らしをしている、という。感応寺の院代を勤める谷中大念寺という僧が語ったことである。

二 神隠しというたぐいある事

廣徳寺
台東区東上野４　ハー五　B－５

下谷広徳寺前に大工が住んでいた。その倅で十八、九歳にもなる男が、盂蘭盆会（うらぼんえ）の十四日のこと、葛西のあたりに名人の造った寺の門を見に行くといったきり、行方が知れなくなった。両親は嘆き悲しみ、近隣の知己友人に頼み、文字通り、鉦（かね）や太鼓（たいこ）を叩いて捜したが見つからない。

そんなある日、隣村の者が江の島に参詣した折、社にその息子を見かけたので。「どこへ行っていたのか。両親が心配していましたよ」と言うと「葛西あたりの門の細工を見ようと家を出たのだが、此処はどこですか？」と尋ねるのである。江の島であることを教えても、ぼんやりしている様子なので、江の島の別当にわけを話し、「とにかく親許に知らせます、預かっておいてほしい」と頼み、急ぎ帰還して両親に知らせた。不思議なのは、その倅（せがれ）の伯父、つまり親の弟にあたる人で、やはり大工だった人が、これも十八、九歳のときに何処かへ行方不明になった。方々、探し回ったが、ついに行方がわからなかったということがあったという。このたびは、それもあって、この両親が嘆き悲しんだということなのである。

僧を故郷の寺まで送りとどける天狗。数百里の道程を一日で飛ぶという
『古今百物語評判』より（国立国会図書館）

❶ 不忍池

台東区上野公園　ハ−一　B−2

この池は入海の唯一の跡。京の琵琶湖になぞらえ、造作が加えられた。名称伝説には、忍が丘の若者と恋仲になった女郎を池に沈めると、若者も入水して果てたから「不忍の池」とある。

❹ 中堂

台東区上野公園　ホ−三　D−3

五代将軍綱吉によって根本中堂が建てられたころ、東叡山寛永寺は天台宗の実質総本山となっていた。その堂塔伽藍の大半は上野戦争によって焼尽した。中堂は大噴水辺にあった。

❷ 黒門

台東区上野2　ハ−二　B−2

江戸城の鬼門守護神として、京都の比叡山延暦寺を模して東叡山寛永寺が建立された。黒門はその東叡山への入口の門。維新時、彰義隊と官軍は黒門をはさんで対峙、戦闘した。

❺ 御本坊

台東区上野公園　ヘ−三　E−3

徳川家康のブレーン、天海は上野に東叡山寛永寺を開山、家康を東照宮に祀るとともに、山主に法親王（出家した皇子）を招致、慣例とさせた。御本坊はその住居。上野戦争で焼失。

❸ 彰義隊墓

台東区上野公園　ハ−三　B−3

上野戦争の彰義隊戦死者二六六名を火葬した場所。江戸無血開城に不満の幕臣三千人が寛永寺輪王寺宮（山主・法親王）を擁して立てこもるも、薩長官軍との戦闘は半日で決した。

❻ 高岩寺

台東区上野７　ニ−五　C−4

ここの地蔵のお札を飲む、または貼ると、病や痛みがトゲを抜いたようにすっきり治るので「とげぬき地蔵」の名がついた。明治二十四年に巣鴨へ移って「おばあちゃんの原宿」となった。

歌川芳虎「明治元戊辰年五月十五日東台大戦争図」（国立国会図書館）

⑯東都浅草絵図

15−1 東都下谷絵図へ

15−1 秋葉原駅・御徒町駅周辺へ

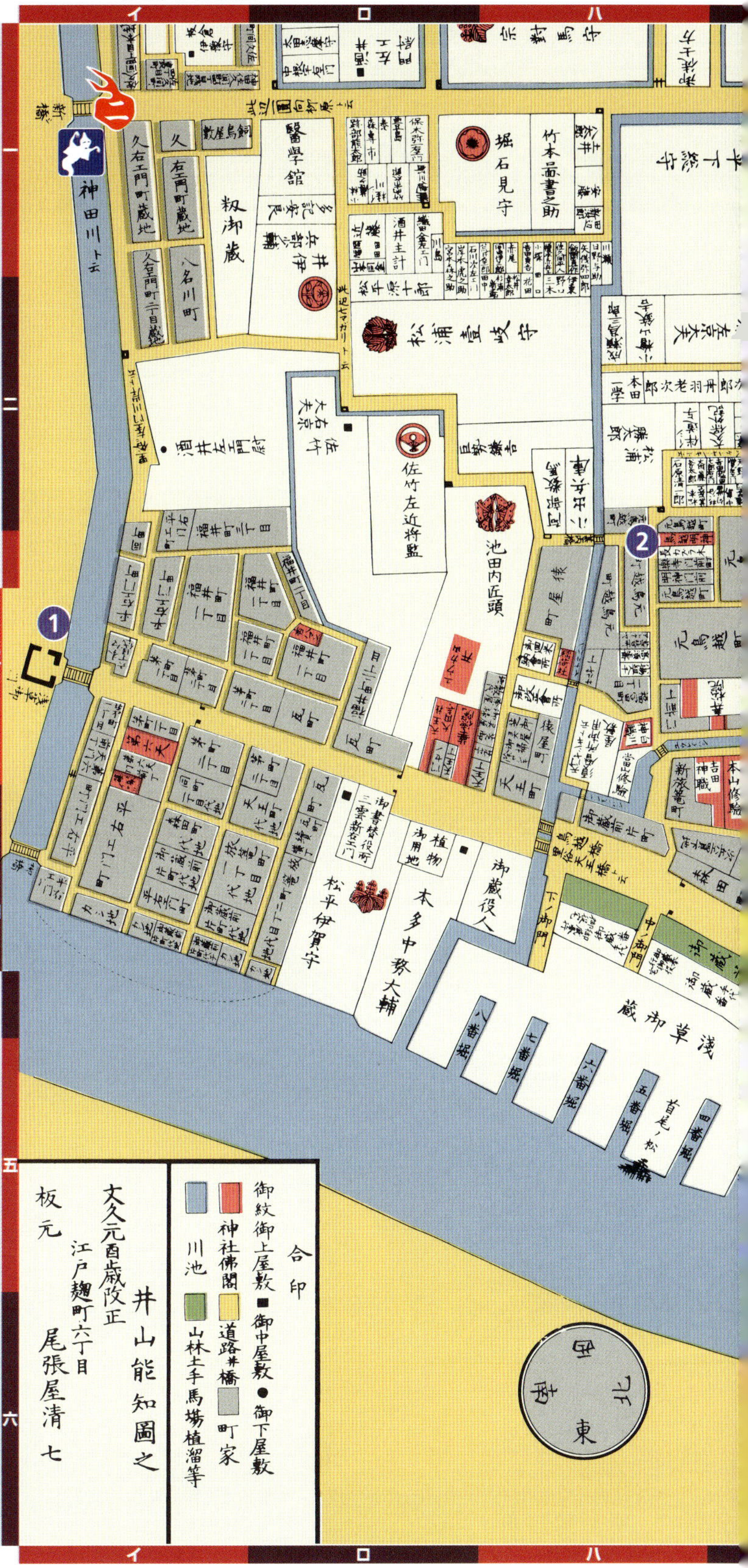

5 日本橋北内神田両国浜町明細絵図へ

18−1 本所絵図へ

15−2 東都下谷絵図へ

17 今戸箕輪浅草絵図へ

東都浅草絵図

東本願寺・浅草橋駅周辺

一 雷も侠勇に勝たざるの事

西福寺
台東区蔵前4　二一四 D-3

文化十四年（1817）八月朔日の雷雨では、三、四ヶ所に落雷した。浅草西福寺近所の残町というあたりに御普請があり、鳶（とび）や人足が五、六人集まっているところにも落雷した。男たちは雷を打ち殺してやろうと、材木、鳶口（とびぐち）などを持って、獣の火の玉が雲のように走り駆け巡るのを目印に打ち敲いた。雷もかなわないと思ったのか、西福寺へ逃げる。それを追いかけると、雷は大木に攀（よ）じ登り、天に昇った。命知らずの壮年の侠気（おとこぎ）が雷に勝ったとの評判、札差の手代が来て語ったことである。

雷獣『絵本百物語』より（国立国会図書館）

二 幽霊なしともきめ難き事

新シ橋
台東区東神田3　イ一一 B-1

天明二年（1782）の夏の初め、浅草新シ橋外の町家の娘、武家か町家かはわからないが、好きあった男ができて、妾ともいえる様子で親許に預けられていた。一子を生んだが、産後、患ってしまい、子供は最寄の町家へ里子に出した。

女は結局、養生の甲斐なく死んだのだが、その夜のことである。女が里子の家に来て、門口から会釈した、というのである。里親は子供を寝かせつけているところだったが「よくお見えになりましたね」と抱いて見せた。「あらあら、よく太って大きくなったこと」と抱き取ってあやし、「こんなに愛らしく成長した子を捨てて別れるのは残念だわ」と言うので、里親夫婦、ああ、たしか女親は大病しているはずなのに、不思議なことだ、と思った。もう火を灯す時分で、人影もさだかではない。やがて火を灯すと子供を返し、挨拶して帰った。その翌日、親元から病死の件を知らされ、母子の情、恩愛の哀れなることを知った。同町の医師、田原子が来て語ったことである。

産女（うぶめ）の幽霊。産後死んだ女性が幽霊と化したもの。腰から下を血に染めた姿で現れる
『古今百物語評判』より（国立国会図書館）

1 浅草御門（あさくさごもん）

中央区日本橋馬喰町 2　イー三　A－2

江戸城外堀の神田川でもっとも隅田川寄りの番所、浅草見附がここにあった。明暦の大火では閉門され何万人もの人々が水死した。そのためにすぐ下流の隅田川に両国橋が架けられた。

2 鳥越明神（とりごえみょうじん）

台東区鳥越 2　ハー三　C－3

蝦夷征討の日本武尊、関八州を席捲した平将門、源氏による関東進出の基盤を築いた源頼義、それぞれの謂われを持つ。1月の「とんど焼」、6月の「鳥越の夜祭」が有名。

3 新光明寺（しんこうみょうじ）

台東区元浅草 4　トー二　G－2

『画図百鬼夜行』で今日いよいよ人気の鳥山石燕の墓がある。田沼時代の約十年間に好評にのって四冊まで続編を刊行。二百を越す妖怪図を描き、妖怪の原型を確立した。寛政の改革とともに七十七歳で没。

4 西福寺（さいふくじ）

台東区蔵前 4　ニー四　D－3

家康の従軍僧、了伝が開基。木版浮世絵のなかでも役者絵に新機軸を創出、一派の祖となった勝川春章や、彰義隊の戦死者百三十二体を密葬し「南無阿弥陀仏」とのみ刻んだ墓がある。

5 榧寺（かやでら）

台東区蔵前 3　ホー五　E－4

正覚寺が寺名だが境内の巨木から榧寺で通った。火難除けで知られる秋葉神社の山伏が訪れ、榧の木で秋葉権現の像を刻み、御札を刷れば効験があると伝え、以後、有名になった。

6 駒形堂（こまがたどう）

台東区雷門2　トー六　F－6

檜前浜成・竹成兄弟によって浅草寺本尊が引き上げられた地にこの堂が建立された。付近は聖地とされ、敷地内には魚の捕獲を禁じた「浅草観音戒殺碑」が建つ。

歌川広重「東都旧跡尽　浅草金竜山観世音由来」（国立国会図書館）

5 明治座・日本橋駅周辺へ

⑰今戸箕輪浅草絵図

15－2 東都下谷絵図へ

16 東都浅草絵図へ

18－1 本所絵図へ

29 根岸谷中日暮里豊島辺図へ

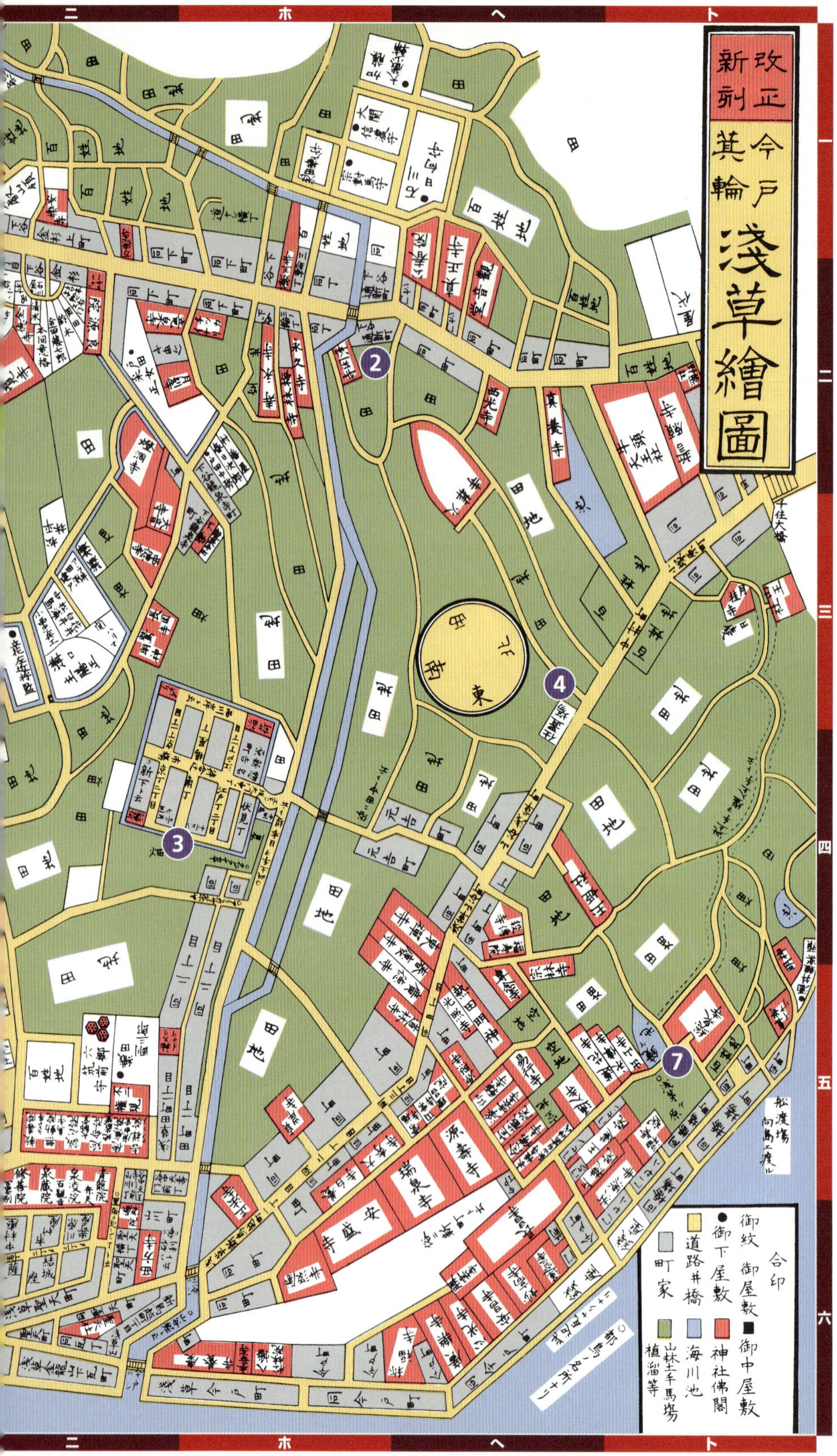

30 隅田川向嶋絵図へ

今戸箕輪浅草絵図

浅草寺・南千住駅周辺

一 信心によりて危難を免れし由の事

清水寺
台東区松が谷2
ロ—四 B—3

家によく来る私の知人で、医師の与住玄卓という者が語るには、信心が深すぎて仏神にあまりにも帰依するのは愚かしいことと思われるが、しかし一途に帰依していると、実に奇特なことも起こるものだ、ということである。

与住が知っている者に、常に法華経を読誦し、あるいは写経などしている者がいる、という。この男、安永元年辰年の大火（1772年。目黒行人坂火事）のとき、浅草に住んでいて焼け出されたので、清水寺の観音まで逃げてきた。しかし、前後を火に包まれて、どうにも、しようがなくなってしまった、という。新堀という川の端に立ったが、煙はますます強く、逃げられず苦しんでいた。そこへ一人の僧侶がやって来て「少しの間、ここに入って避けていればよいですよ」と言って、仏像を取り除け厨子ばかりとなったところを教示し、懐中から握り飯を取り出してくれたという。「有難い」とばかりに、その厨子に入り煙をしのぎ、握り飯を食って飢えをしのぎ、助かった。やがて火は通り抜け、厨子から出て知人のところへ行ってわけを話したという。一心に信仰するところには奇特なことも起こるものである、と語ったことである。

二 頭痛の神の事

幸龍寺
台東区西浅草3
ハ—四 B—4

浅草田圃（たんぼ）の幸竜寺という寺に併せて、柏原明神という神社が祀られていた。頭痛に悩む者はここで祈ると、必ず祈りが叶うというのである。

御徒を勤める某氏は多年にわたり、頭痛に悩まされていた。ある日、強い頭痛がしているところへ、知人が来て「頭痛にはあの神社がいい。あなたはいま痛くて動けないだろうから、代わりに参詣してきましょう。強く信心していてください」と諭して出かけた。耐え難いほどの頭痛に七転八倒しているうち、思わず眠ってしまった。すると、夢に小猿が二匹出て来て、頭痛を打ち揉みなどしてくれるのである。その心地よさは言葉に尽せないほどだった。すっかり頭痛は全快して目覚めると、かの代参の男が戻ってきた。

夢の話をすると、驚いて「不思議です。あの神社には夥（おびただ）しい数の猿の扁額（へんがく）がある。きっと神の使いが来て病気を治してくれたのだ」と、ともに驚嘆したことであった。

化け猿の宴『太平百物語』より（国立国会図書館）

❶ 曹源寺（そうげんじ）

台東区松が谷3　ロー三　B－3

別名かっぱ寺。近辺の掘割を合羽屋喜八が修復整備、町を作って今に合羽橋の名を残す。その喜八の墓がある。喜八が助けた河童が工事を手伝ったといわれ、河童大明神として祀られている。

❷ 浄閑寺（じょうかんじ）

荒川区南千住2　ホー二　E－3

無縁寺、投込寺の名で知られ、新吉原総霊塔がある。吉原の遊女が死んで引取り手がないと、多くの場合ここに埋葬した。昭和の赤線廃止まで三百年間に約二万五千人が葬られたという。

❸ 新吉原（しんよしわら）

台東区千束4　ホー四　D－4

表で儒教道徳が権威を振るえば、裏では「悪所」が栄えた。その代表が廓と芝居であり、幕府の権力をもってしても周辺へ遠ざけることはできたが排除はできなかった。お歯黒溝が取り囲む二百二十メートル四方、ここに三千人の遊女が昼の世界とは異なる美的価値観を生み出していた。全国への文化の発進基地であり、江戸文化の粋であり核だった。新吉原に次のような話が伝わる。遊女に「ろくろ首」がおり、夜中に一尺ほど首が伸びて垂れていた。また、新吉原に通っていた狸がおり、置いていった金子は木葉などではなく本物だったという。

❹ 仕置場（しおきば）（小塚原（こづかっぱら））

荒川区南千住2　ヘー三　F－4

鈴ケ森とともに江戸の二大処刑場。回向院に属し広さは六十間に三十間。刑死者だけでなく、心中や無縁の死者等をこの回向院に埋めて、その数二十万人、日々三人見当とされる。

❺ 浅草寺（せんそうじ）

台東区浅草2　ハー五　B－5

秘仏の観世音菩薩を本尊とする寺。その守護神が斜め背後の浅草神社。こちらは秘仏を水中から見出した三人と家康を祀るので三社権現、三社祭の名で親しまれる。

❻ 姥ヶ池（うばがいけ）

台東区花川戸2　ハー六　B－5

葦の生い茂る浅茅ケ原、その中の一つ家に宿を頼むと、老婆は旅人を石の枕で殺して物を奪った。その老婆も娘が身代わりになって死ぬ姿を見て身投げし、姥ケ池の名を残した。

歌川広重「東都旧跡尽　浅茅が原一ツ家石の枕の由来」（国立国会図書館）

❼ 鏡ヶ池（かがみがいけ）（妙亀塚（みょうきづか））

台東区橋場1　トー五　E－6

都で人買いにさらわれた愛し子、梅若を探し東国まで来た母は隅田川畔でその死を知る。妙亀尼を名乗り鏡ヶ池のそばで後世を弔うも、悲しみから池に身を投げたという。現妙亀塚公園。

5 日本橋北内神田両国浜町明細絵図へ

16 東本願寺・浅草橋駅周辺へ

⓲-1 本所絵図

19-1 本所深川絵図へ

18-2 本所絵図へ

嘉永新鐫
本所繪圖
合印
御紋御上屋敷
■中屋敷　●下屋敷
神社佛閣
町家
道并橋
川池溝
山林土手馬場田畑
浅草御米蔵
御厩河岸之渡
浅草黒船町
竹町之渡
吾妻橋
水戸殿
本所
横川
業平橋
常泉寺
南蔵院
本法寺
大法寺
真盛寺
小梅村
百姓地
妙源寺
石原町
松倉町
中ノ郷瓦町
中ノ郷竹町
中ノ郷八軒町
小梅瓦町
源森橋
枕橋
表町
荒井町
番場町
北本所
南本所
ニ
ホ
ヘ
ト
四
五
六

30 隅田川向嶋絵図へ

本所絵図

両国駅・本所吾妻橋駅周辺

一 嘉例いわれあるべき事

御竹蔵
墨田区横網1　ロ―二　B―2

本所竹蔵の近くに、御書院番や御使番などを歴任した曾根孫兵衛という千六百石の旗本がいた。

この家、古来からのしきたりで、正月三日に餅をつくのである。いつの頃か、主人が言い出すには「世の中、みんな暮のうちに餅をつくではないか。我が家だけがそうしなくて、人並みとは違えて、正月三日に餅をつく。変に思う人もあるだろう。今年は暮につくことにする」

家来は「しきたりですから」と言って諫(いさ)めたが、主人は意見をきかず、餅をつかせた。ついているときは何でもなかったが、つきあがった餅を座敷に運ぶと、餅が一円、血に染まって真っ赤になっている。みるも暗鬱(あんうつ)な姿かたちである。「これはどうしたことだ」と中間(ちゅうげん)どもに渡すと、元の真っ白な色になる。座敷へ運ぶと最前の血の色に染まるのである。

それゆえ、その後は昔の通り、正月三日につくことにした、ということである。

二 地蔵の利益の事

中ノ郷
墨田区吾妻橋1　へ―三　F―3

田付筑後(ちくご)守といって、最近まで御持頭などを勤めた人の親は、田付阿波(あわ)守である。この阿波守の奥方が浮腫(ふしゅ)の病に罹(かか)った。諸方の医師が手を尽したがいっこうに治癒しない。

そんなある夜、奥方の夢に地蔵菩薩が忽然と現れ、「あなたの病気には蟇(ひき)蛙(がえる)の皮を切って黒焼きにしたものを用いれば効果があります」と示現した。

奥方は、不思議に思って、阿波守に語ると、「これほどの長い患いなのだから、試してみよう」ということになった。かつて長崎奉行を勤めたこともある家なので医学書も揃っている。調べてみると、浮腫の病に蟇蛙の黒焼きを用いるとあるので、早速試してみた。すると、たちまち快癒したのである。そこで地蔵の利益を歓び、あたりの地蔵尊へ参詣した。不思議なことにその道に何か固い物があり、足に触る。取り上げると古い板彫りである。拾い帰り、洗って清めるとはたして地蔵尊の版木。ますます信心を深くして紙に押し、田付家はもとより、知人たちに配ると、みな大きな利益をこうむった。在家に置くのもどうかということで、本所中の郷あたりの寺に納めると、田付地蔵ということで参詣の人が多い、と人が語ったことである。

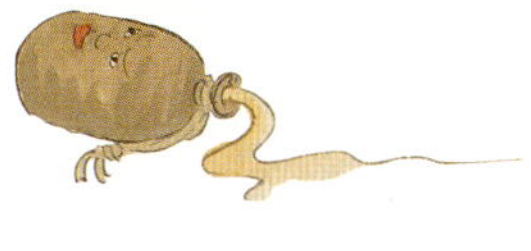

紀州日高郡山中にて蟇蛙のような化け物と遭遇する
『宿直草』より（国立国会図書館）

❶ 回向院

墨田区両国 2 　イー二　A－1

明暦の大火の死者を埋葬供養のため建立、諸宗山無縁寺回向院、つまり宗派なし。その分院が小塚原刑場である。ここで社寺の出開帳が盛んに催され、相撲が定場所とするのは天保から。

❷ 松阪町

墨田区両国 3 　イー二　A－2

赤穂浪士討入りの現場、すなわち吉良上野介邸があった。敷地は二千五百五十七坪、東西百三十に南北六十メートルの矩形。当夜、屋敷の周囲を四十七士の家族、使用人等が取り囲んでいた。

❸ 津軽越中守

墨田区緑2 　ロー四　A－4

陸奥弘前藩津軽家の上屋敷。元は南部家の家臣であったが、小田原攻めの際に主君を欺いて参陣し、大名となった。「本所七不思議」のひとつ、「津軽の太鼓」の舞台。

❹ 蛇山

墨田区東駒形 2 　ヘー四　E－4

この辺りは寺町で竹藪がうっそうと繁り、長建寺の横丁を蛇山と呼んでマムシ取りがよく来た。鶴屋南北『東海道四谷怪談』の大詰「蛇山庵室の場」はここの設定。庵室は療養所のこと。

❺ 松浦肥前守

墨田区東駒形 3 　ホー四　E－4

九州肥前、平戸藩の下屋敷があった。藩主隠居後、松浦静山はここに住んで『甲子夜話』二百七十八巻を記録した。文政から天保の二十年間に見聞した話が内容、怪事や笑話も多い。

❻ 南蔵院

墨田区吾妻橋 3 　ヘー六　F－6

講談で知られる「縛られ地蔵」がある。目前で盗みがあったのに見逃したというので地蔵を縛って奉行所へ連行、その野次馬の中に真犯人を見出すのが「大岡裁き」。昭和四年葛飾に移転。

歌川国芳「誠忠義士聞書之内　討入本望之図」（国立国会図書館）

18－1 本所絵図へ

18－2 本所絵図

19－1 富岡八幡宮・清澄白河駅周辺へ

19－2 本所深川絵図へ

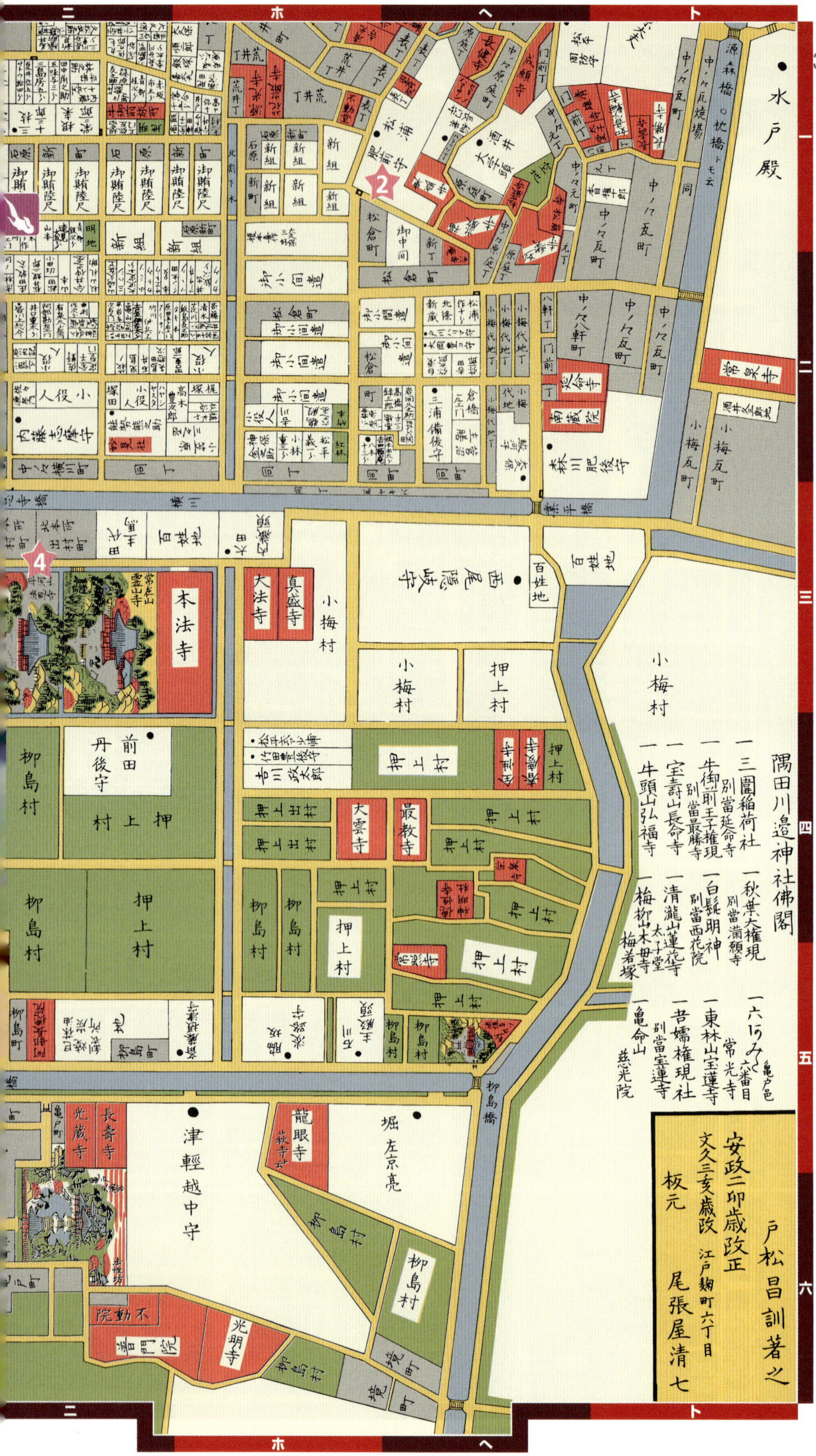
水戸殿
隅田川邉神社佛閣
一 三囲稲荷社 別當延命寺
一 秋葉大権現 別當満願寺
一 牛御前王子権現 別當最勝寺
一 白鬚明神 別當西花院
一 宝寿山長命寺
一 清瀧山蓮花寺 太子堂
一 牛頭山弘福寺
一 梅柳山木母寺 梅若塚
一 六阿み六番目 常光寺 亀戸邑
一 東林山宝蓮寺
一 吾嬬権現社 別當宝蓮寺
一 亀命山慈光院
戸松昌訓著之
安政二卯歳改正
文久三亥歳改
江戸麹町六丁目
板元 尾張屋清七
常泉寺
西尾隠岐守
森川肥後守
小梅村
押上村
柳島村
本法寺
大法寺
真盛寺
最教寺
大雲寺
前田丹後守
津軽越中守
堀左京亮
龍眼寺
光蔵寺
長寿寺
光明寺
不動院
柳島橋
業平橋
百姓地

本所絵図

……………………亀戸天神・錦糸町駅周辺

一 狐つき奇異をかたりし事

南割下水
墨田区亀沢1～錦糸4　ロ－－ B－1

もと本所に住んでいた人が語ったことである。

本所割下水（水はけを良くするために開削された水路）に住んでいた頃、隣の女子に狐が憑いて、色々なことがあった。日々、行き来して見ていると、隣の垣根が風も吹かないのに倒れる。それを見た狐憑きの女子、「あの家の子供が病で死にます」などと言う。あるいは木の葉の枯れるのを見て「こういうことがある」とか、竿が倒れるのを見て「あそこの主人にこういうことがある」と言う。その通りになるので「どういうことだ」と尋ねると、女は「すべての家に守り神がある。信じる仏神があって、吉凶を物に託して知らせてくれるのだ。俗人の目にはそれが判らないのだ」と言ったという。

『狗張子』より（国立国会図書館）

二 怪倉の事

本所
墨田区南半分　ニ－－ C－1

本所の御医師、数原宗徳という人の屋敷の蔵内には、古来より怪物がいる。蔵内から物を取り出すとき、きちんと断って明日、何品入用だからということを言えば、戸の前に誰が持ち出したのだろうか、揃って差し出されているのである。断らないとよくないことが起きるという。この医師、大身ではないが貧しいというわけでもない。

ある年、火事の類焼を受けた。蔵は残ったが、家来が「たしかに平時は断って物の出し入れをしているが、非常の際である。それに寝る場所も無い」ということで、蔵の内に入り、寝た。しばらくして声の怖ろしい坊主のようなものが現れ、「かねてからの決めごとを破ったな。蔵内へ立ち入って無礼にも寝たこと憎たらしい。命を取るべきところだが、このような非常の場合であるゆえ許してやる。以後絶対に入るなよ」と言った。家来は、たいそう怖くなって逃げ出した、という。毎年、取り決めて祭礼などをする、ということである。

女を取ろうと姿を現した黒坊主の化け物
『奇異雑談集』より（国立国会図書館）

本所七不思議

近世中期以降、全国的によく知られた七不思議が越後と本所の話。本所とは隅田川の東岸、両国を中心に北は向島、南は深川と接し、東は農地の多くなる横十間川辺まで。大名屋敷も上屋敷は少なく、武士も少録、庶民の町であり、災害時には大きな被害を受けてきた。

「七不思議」はこれで一つの言葉であり、実際には七つ以上語られている。釣った魚を「置いてけ、置いてけ」と呼びかける声がして、魚籠をのぞくと空になっている「置いてけ堀（1）」。「狸の馬鹿囃子（2）」はだれもいないのに囃子だけが聞こえる音の怪で、松浦静山も

「本所七不思議之内　置行堀」（すみだ郷土文化資料館）

「本所七不思議之内　足洗邸」（すみだ郷土文化資料館）

遭遇している。見回りの音だけが聞こえる入江町時鐘屋敷の「送り拍子木（3）」。出村町の「送り提灯（4）」は前を行く提灯に追いつこうとしても追いつけない。松浦家上屋敷の「落葉しない椎の木（18－1図 5）」。「津軽の太鼓（18－1図 6）」は本来、太鼓は火消役人のみ許され、大名屋敷は板木を叩いて火事を知らせたが、弘前藩津軽家上屋敷だけはなぜか太鼓だった（半鐘は町方）。つけても消えてしまう「明かり無し蕎麦（18－1図 7）」の屋台。屋敷の天井から「洗え」と巨大な足が差し出される本所三笠町の「足洗い屋敷（8）」。片手片足を切断された女が投げ込まれた、その堀に繁る葦には茎の片側にしか葉が生えない「片葉の葦（18－1図 9）」。どれも現在は何も残っておらず古地図や浮世絵に偲ぶのみである。

7 京橋南築地鉄炮洲絵図へ
6 八町堀霊岸嶋

⑲−1 本所深川絵図

19−2 猿江恩賜公園・木場駅周辺へ

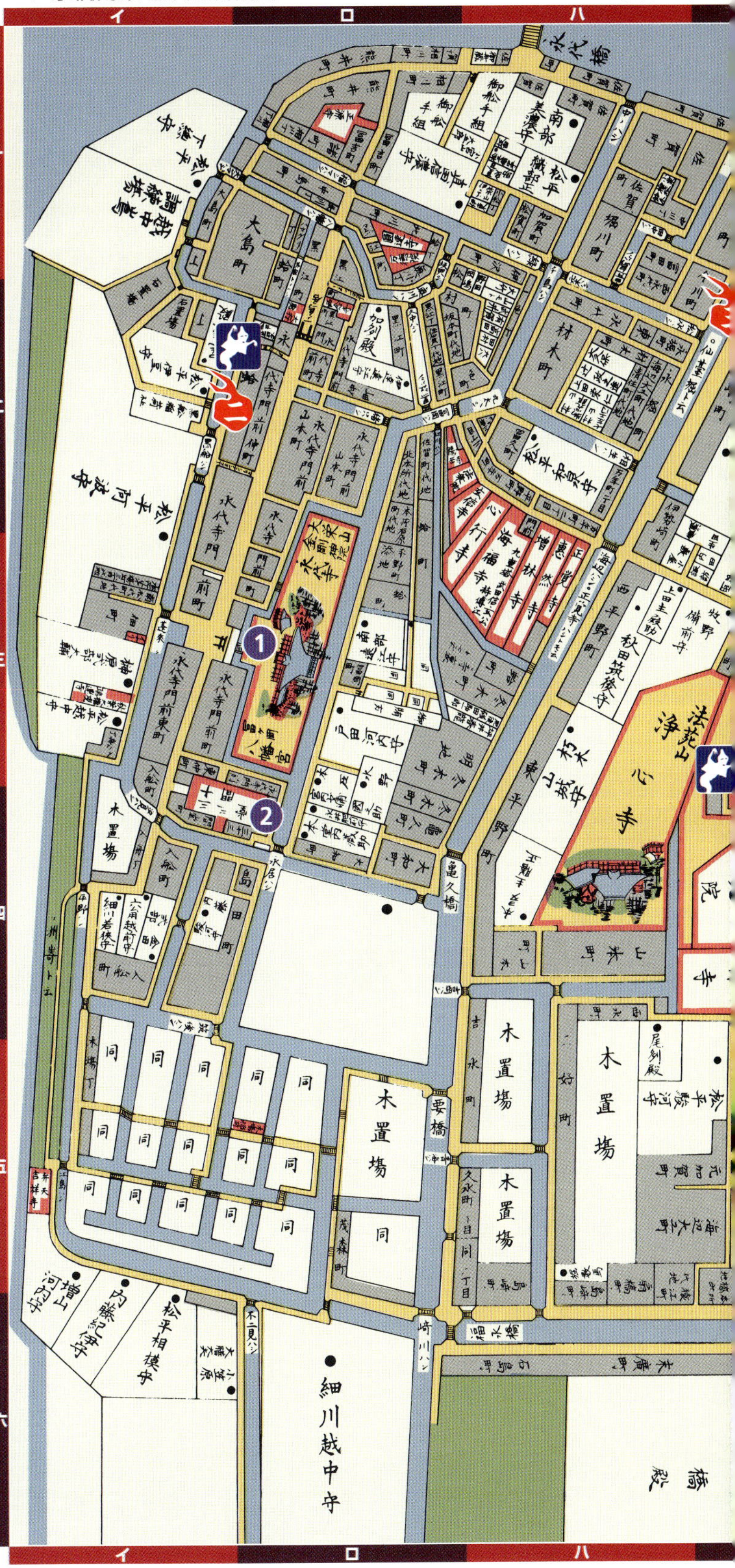

19−2 本所深川絵図へ

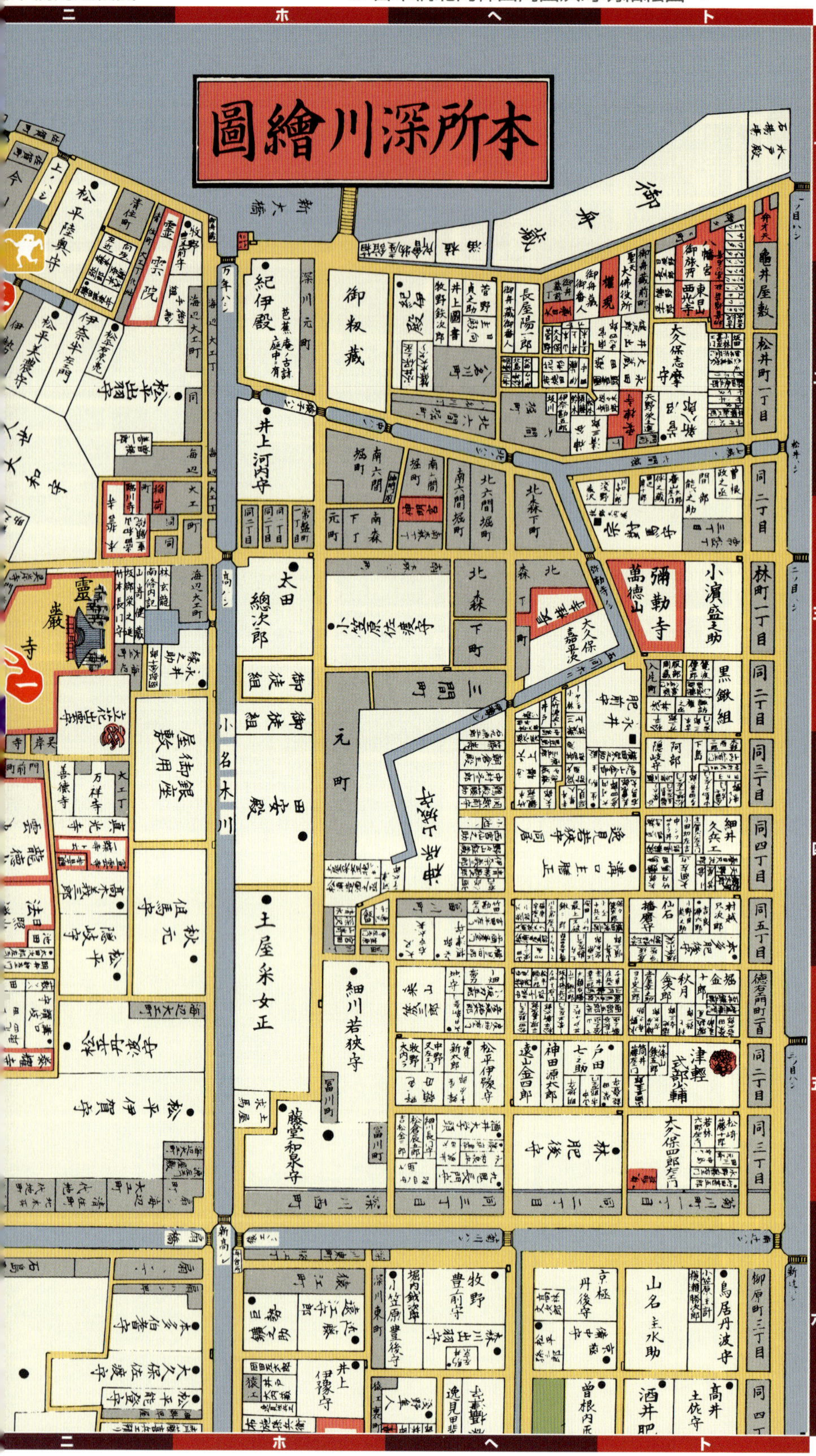
本所深川繪圖
ニ
ホ
ヘ
ト
二
三
四
五
六
御舟蔵
御粉蔵
紀伊殿
新大橋
万年ハシ
松平陸奥守
霊雲院
伊奈半左衛門
松平出羽守
井上河内守
霊巌寺
太田總次郎
御徒組
小名木川
田安殿
土屋采女正
細川若狭守
藤堂和泉守
元町
北森下町
萬徳山
彌勒寺
小濱盛之助
黒鍬組
林町一丁目
松井町一丁目
亀井屋敷
大久保志摩守
津軽式部少輔
松平伊賀守
山名主水助
鳥居丹波守
牧野豊前守
高井土佐守
酒井肥
柳原町三丁目

本所深川絵図

…………　富岡八幡宮・清澄白河駅周辺

一　赤坂与力の妻亡霊の事

霊巌寺
江東区白河１　　ニー三　Ｄ－３

申年のことである。茶屋商売の者が深川に用事があって、夜に入り、霊岸寺の前を通りかかった。すると、赤青の火の玉が二つ、見えたかと思うとぱっと消えた。なかなかにしっかりした心の強い男であったので、火の玉にもめげず、寺の外れまで行った。すると、今度は若い女の声で呼びかけられた。立ち戻って訊くと「私は赤坂の何某という与力の妻であったが、病死をいたしました。この寺へ葬送されたのですが、そのうち夫が後妻を迎えることとなりました。この後妻という人がたいへん嫉妬深くて、それで成仏ができないのです。なにとぞ、成仏できない私のことを夫に伝えてほしいのです」と言い捨てて掻き消えたのであった。

自分には関係の無いことと思ったが、伝えないとどんなことが起きるかわからないので、赤坂あたりに行ったときに、思い切ってその与力を訪ねた。面会したい旨、申し入れたが知人でもないので断られた。しかし、強いて申し込み、会ったのである。霊岸寺での、しかじかの怪異のことを語ると、「たしかに後妻は嫉妬心が強く、困っているのだ」と言う。そして「先妻の幽霊からの伝言、ありがとう」と謝礼までもらったのであった。

それだけで別れたが、しばらくして、また深川に用事があり、霊岸寺を通りかかると、今度は火の玉は見えず、ただ声だけに呼びかけられた。彷彿と女が現れ「先だってのこと、伝言ありがとうございます。後妻も死んで、いまは私の身に障りなく、おかげさまで成仏できました」と礼を述べるのであった。

不思議にも思い、与力の家に行ってその後の顛末（てんまつ）を訊くと「さきごろ後妻も死んでしまったが、先妻と一緒の寺に葬るのはとうてい難しいと思うので、里方の寺に送ったのだ」と言う。そして、「後妻の嫉妬心はあまりに強く、あるとき『先妻の位牌をわたしにください』と言うので、『どうしてだ』と訊くと、なおも強く言うので『思うようにしなさい』となおざりに答えたのだ。すると位牌を片陰に持って行って、薪割りで微塵に打ち砕いたのだよ。その頃から病気になり死んでしまったのだが、いやはや怖ろしいほどの嫉妬心であった」と語ったという。

『曽呂里物語』より（国立国会図書館）

二 怨念これ無きともきめ難き事

永代寺門前仲町
江東区門前仲町　ロー二　B－2

讃岐高松家に勤めていた佐助という男はもともと湯島聖堂（⑭図　イー五）で儒学を学んでいた。壮年の頃、深川へ講釈を聞きに行っての帰り道、黄昏（たそがれ）の時刻となった。家に帰るのも遠いので仲町の茶屋に泊り、芸妓（げいぎ）をあげて遊んだ。深夜、階下でしきりに念仏が聞え、梯子を上がる足音がして佐助が眠る座敷の障子の外を通る者がある。怖くなって障子の隙間から覗くと、髪を振り乱した女が両手を血に染めて通るのである。気絶するほど恐ろしくなって夜着を引きかぶった。ようやく物音が静まったので寝ていた芸妓にあったことを話すと、「やっぱりですか。この家の主はその昔遊女夜鷹の親方で、大勢の女を使っていたが、その一人が病身で働きが悪いので、たびたび折檻した。その妻は少し慈悲心があって、夫をなだめていたが、あるとき、物凄く怒って女を殴るのを妻が止めたので、脇差を抜いて妻に斬りかかった。遊女はその白刃を掴み支えたので、手の指が残らず切れ落ちた。その後この女は死んだが、亡霊となって夜な夜な出るようになった。ですから、お客も少ないのです」と話した。

その後間もなく、この茶屋は跡絶え、家そのものも無くなったという。

三 河童の事

仙台堀
江東区清澄　ニー二　D－2

天明元年（1781）八月、仙台河岸伊達侯の蔵屋敷で、河童を打ち殺し塩漬けにしたという。目の当たりに見た者が語ったその図を松本豆州が持って来た。仔細を訊くと、伊達侯の屋敷では子供がよく水難事故に遭う。怪しむべしということで、堀の内、淵ともいえる所を堰（せ）き止め水を干したところ、泥を潜って風のように速い何かがいて、ようやく鉄砲で撃ち止めた、という。傍に曲淵甲斐守がいて以前、河童の図を見たことがあるというので、豆州持参の図を見てもらった。間違いないと言うので、その図を示しておく。

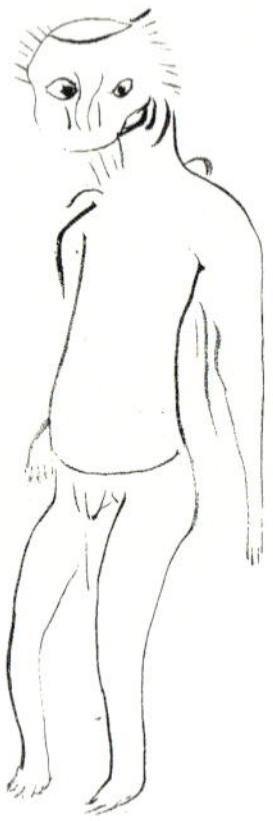

河童の図『耳嚢（鶯宿雑記）』より（国立国会図書館）

❶ 富ヶ岡八幡宮（とみがおかはちまんぐう）

江東区富岡1　ロー三　B－3

有名寺社の周辺には岡場所と称した廓街がある。富ヶ岡八幡宮辺は辰巳芸者で知られ吉原と並ぶ二大花街だった。洲崎遊廓も近いが、こちらは明治になって根津と品川（一部）が移転した。

❷ 三十三間堂（さんじゅうさんげんどう）

江東区富岡2　イー四　B－3

枕の怪はいろいろある。三十三間堂近くに、住むと病気になる空家があった。その家の持仏堂にあった木枕が妖をなすとわかり、荼毘に附したら屍と同じ臭気がして、以後、病人は出なかった。

⑲−2 本所深川絵図

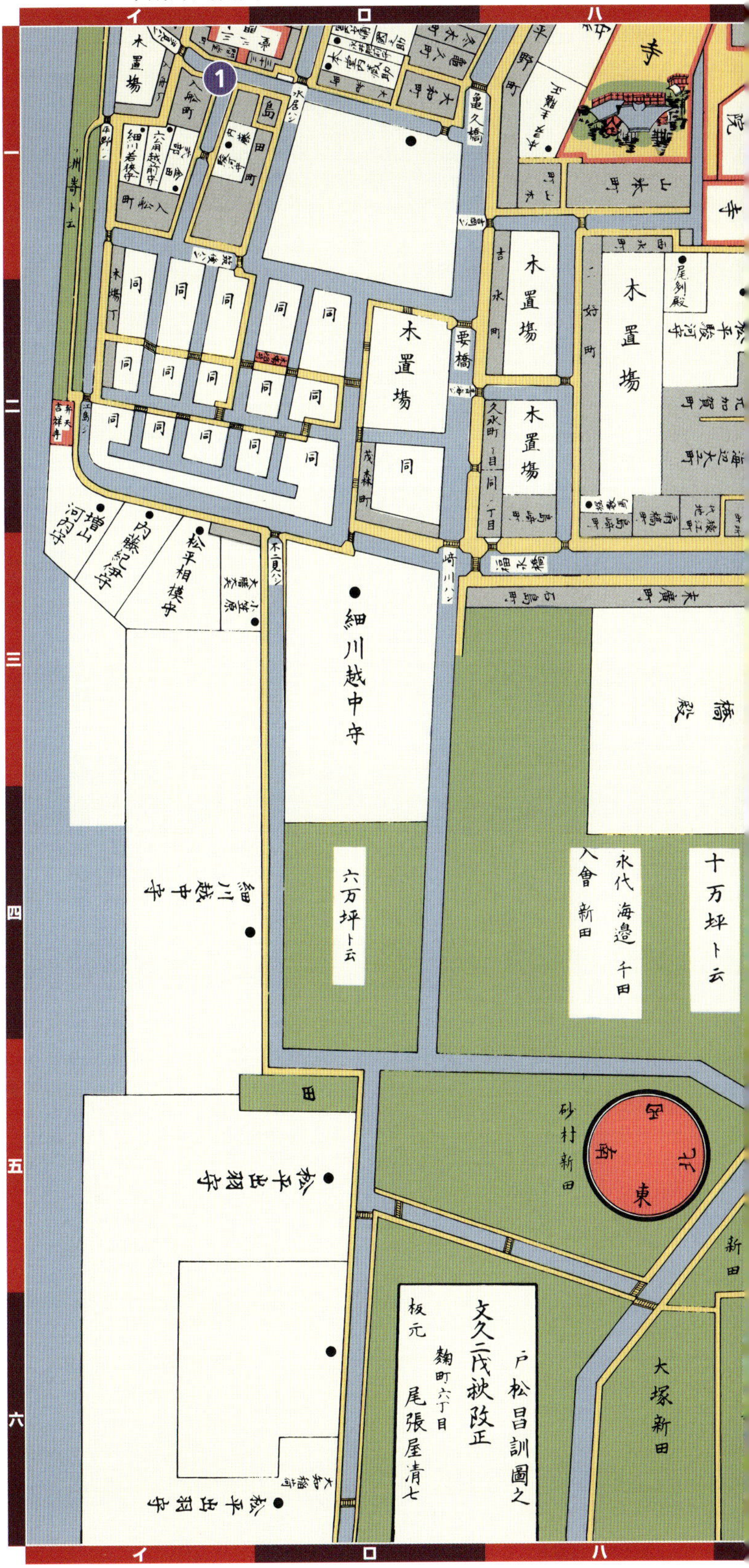
イ
ロ
ハ
一
二
三
四
五
六
木置場
同
要橋
亀久橋
山本町
吉永町
茂森町
増山河内守
内藤紀伊守
松平相模守
細川越中守
六万坪ト云
十万坪ト云
永代 海邊 新田
入會新田
砂村新田
大塚新田
松平出羽守
東
西
南
北
文久二戌秋改正
戸松昌訓圖之
板元
麹町六丁目
尾張屋清七

18—2 本所絵図へ

ニ
ホ
ヘ
ト
一
二
三
四
五
六
土屋采女正
細川若狭守
藤堂和泉守
松平伊賀守
林肥後守
津軽式部少輔
牧野豊前守
逸見甲斐守
山名主水助
鳥居丹波守
高井土佐守
酒井肥前守
曽根内匠
小笠原大膳大夫
松平肥後守
土井大炊頭
稲葉兵部少輔
明地
猿江御材木蔵
八右衛門新田
大島村
洲崎村
百姓地
出村
中ノ郷
猿江村
亀戸村
深川上大島町
下大島町
榊原式部大輔
松平大炊頭
新庄駿河守
松平土佐守
松平伊豆守
松平阿波守

本所深川絵図

……………… 猿江恩賜公園・木場駅周辺

一 小はた小平次事実の事

深川
江東区北西部　ホー二　F－2

読本や浄瑠璃に語られる小はた小平次は、山城国小幡村（京都府宇治市木幡）に生まれ、両親と死に別れて出家し、光明寺の弟子となった。名を真州と改めたが、聡明で学問ができたので諸国を巡って修行することになった。

江戸へ出てから真州は加持祈祷に優れた出家だといわれ、多くの者が訪れるようになったが、深川の妓女・花野に深く心を寄せられるようになった。真州は出家の身だからと拒んだが、ある夜、花野がやってきて、「私の願いを叶えてくださらないなら死ぬより他にありません」としきりに嘆き、私の志だと一つの香箱を渡した。開けてみると、切り落とした花野の指が入っている。真州は驚いて、明日返答すると言って花野を帰したが、その夜のうちに神奈川まで逃げた。知人の家に宿を頼み、事情を話すとしばらく逗留させてもらえることになった。花野からもらった香箱は、汚らわしいと途中で捨ててしまったが、不思議と漁師の網に掛かり、再び真州の手元へ戻ってきていた。宿の主人の勧めに従い、焼き捨てて読経供養し塚を作った。

ある時、大山参詣の者から花野が行方知れずになったこと聞き、江戸へ帰ることとなった。堺町（❺図　ホー四）あたりの半六という者の世話になり、茶屋の手伝いや芝居の楽屋で下働きなどをしていた。やがて還俗し、初代市川海老蔵に弟子入りして役者となり、小和田小平次と名乗った。男振りは良く芸もできたので、ほどほどに人気の役者になったが、賭博が見付かり破門されてしまった。仕方なく半六とともに田舎芝居を回ることになったが、ある日、半六と見世物師の穴熊三平と連れ立って漁に行ったところ、小平次は海に落ちて水死してしまった。

実は花野は堺町に小平次がいる事を知り、尋ねて来て夫婦になっていた。三平は深川にいたときから花野に執心しており、半六と申し合わせ、小平次を海に突き落として殺したのだった。三平が江戸へ帰り、半六とともに小平次の家を訪ねたところ、花野が出て「なぜこんなに遅くなったのですか。小平次は昨夜帰って来ましたよ」という。二人は不思議に思い、小平次が海に落ちて死んだと語ると、花野は取り合いもしなかった。二人が部屋をのぞいてみると、物などはあるが小平次の姿はなかったという。

『小幡怪異雨古沼』より（国立国会図書館）

❶ 入船町（いりふねちょう）

江東区木場2　イー一 A－1

この辺の川で水に入ると引っ張りこむものがいる。木場のイナセな兄が逆に捕らえてみると河童。この水辺の者には二度と悪戯をしないと詫び証文を書き、手判を押して許された。

❷ 遠山金四郎（とおやまきんしろう）

墨田区菊川3　へ一二 F－2

「遠山の金さん」の下屋敷があった。以前には「鬼平犯科帳」の長谷川平蔵が住んでいた。金さんの有名な刺青の話は『耳囊』の著者で、同じく奉行だった根岸鎮衛のそれの転化との説がある。

❸ 隠亡堀（おんぼうほり）

江東区扇橋3～北砂1　二一五 D－5

お岩と小平が戸板の裏表に縛りつけられ流れ着く、戸板返しは『東海道四谷怪談』「隠亡堀の場」。その隠亡堀がここ、火葬場も近かった。そしてこの芝居以後に架けた橋を岩井橋と称した。

小幡小平次（こはだこへいじ）

享保末期の役者がモデルであるようだが、『耳囊』にも二つの話が収録されており、種となった実話はそれこそ遠い幽霊のように定かではない。戯作類に取り上げられ、話題になると同時に趣向を凝らした芝居で人気を博し、誰もが知る話となったようだ。

幽霊役が上手くて「幽霊小平次」の異名を持つ小平次は、巡業先で女房の愛人（間夫）である鼓打ちに池に落とされ殺された。江戸へ戻った鼓打ちが待ち詫びる女のもとに駆けつけると、なんと小平次がいるではないか。この幽霊は舞台もつとめ、その姿はいよいよ迫真と大評判になってゆく。一方、不倫女と間夫は無残な最期を遂げることになる。

小平次は、お岩、お菊、累（かさね）の三大女性幽霊と並ぶことのできる唯一の男性幽霊として、見事な浮世絵の数々になっている。

「小仏小平次女房おつる　二役早かわり　坂東彦三郎」（東京都立中央図書館東京資料文庫）

⑳—1 芝三田二本榎高輪辺絵図

2 目黒白金図へ

20-2 芝三田二本榎高輪辺絵図へ

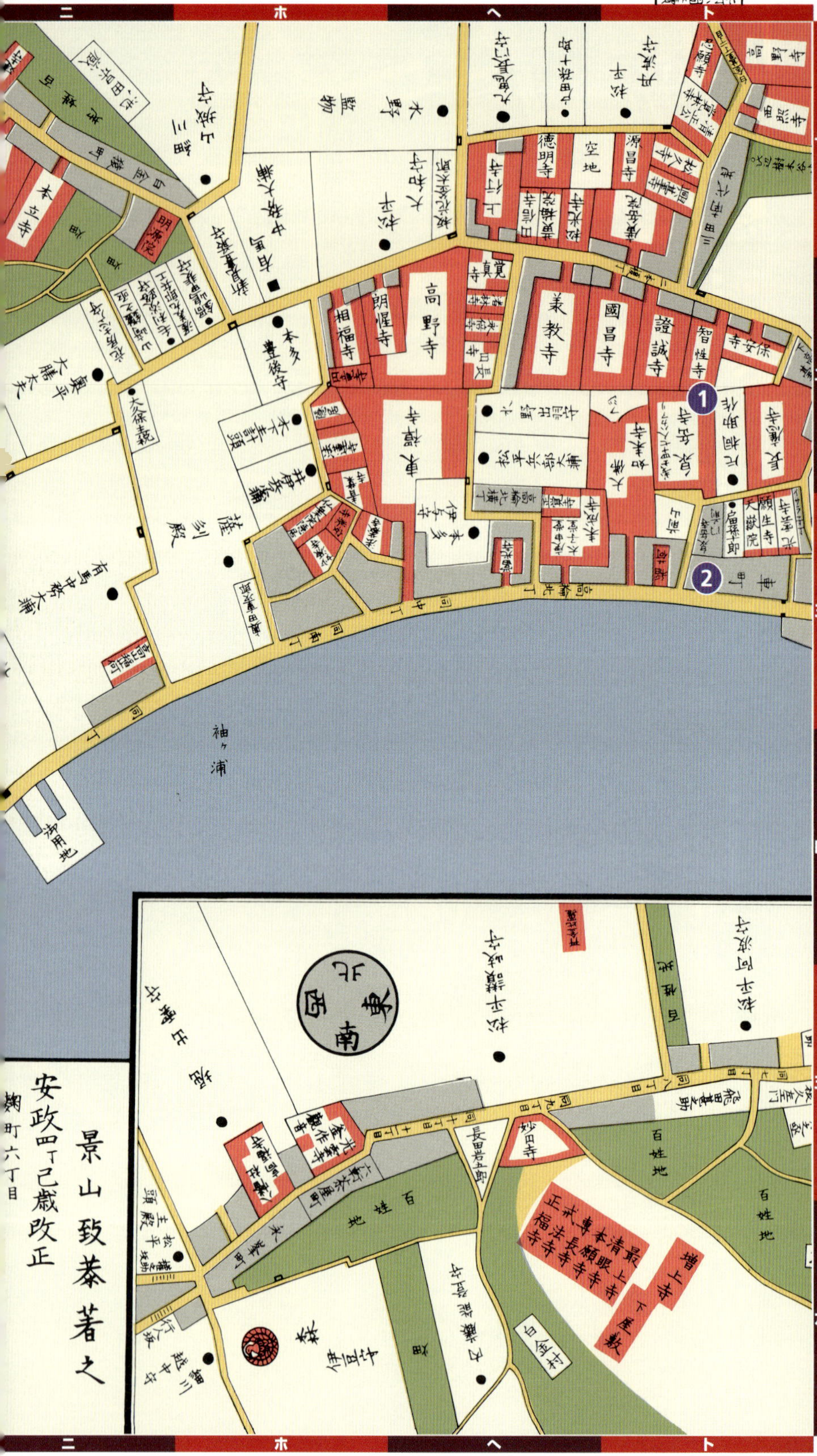

芝三田二本榎高輪辺絵図

品川駅・目黒駅周辺

一 品川にてかたり致せし出家の事

品川北本宿・南本宿
品川区北品川2・南品川1 ロー六 A−5

いつ頃のことであろうか、品川宿の旅籠屋で飯盛女などを買い上げながら長逗留して遊んでいた出家がいた。ある日旅籠屋の亭主を呼んで、「今日ここへ来る途中、偶然百両の金を拾った。しかもきちんと封じてある金で、封じ紙の上に何村の御年貢金と書いてある。この品川宿と同じ支配を受ける村だと思うが、心当たりは無いか」といった。亭主は驚き、よくよく尋ねてみますと言って、親しくしている者に相談したが、「落とし主をでっちあげ、礼金を出家へ渡し、残りを山分けしよう」と悪心を起した。いかにも百姓姿の男を仕立てあげ、三日後出家のところへ行き、お金を落とした者が見付かりました、その者も良い方に拾っていただいたと喜んでおります、と言うと、出家も喜んだ様子で財布を亭主に渡した。出家が「大金を無事に返したのだから、少しは礼もするものだ」というので「お礼金はどのくらい差し上げればよろしいでしょう、三十両ではいかがでしょうか」というと「三十両ならよろしい」と答えた。

例の百姓がさっそく封じ紙を破ろうとすると出家は大いに怒り、そのお金を取戻し、亭主と百姓姿の男を睨みつけ「不届き者め。この金はお前たちのものではないな。封印に村の役人の印などもあるのに一人で封を破りろうとしたのが証拠だ。そんな事をしたら他の百姓たちにどう申し開きをするのだ。私が拾ったお金をだましとろうというはかりごとに違いない。そういうことなら御代官所に訴え出る。お前たちは早々に立ち去れ」と言った。それからは酒などを呑んでまったく話を聞こうとしない。亭主一同は困り果て、人を仲介して詫びを申し入れ、何枚も証文を書き、三十両を別に用意して出家に渡し、例の封じ金をようやく受け取った。

さて、あらためて封を破って中を見るとなんと土瓦だったので、亭主たちは大いに怒り、例の出家を問い詰めようと思ったが、数々の証文を見れば出家は封の中身を知らない事になっており、また代官所に申し出れば自分たちのはかりごとも露見してしまうので、詐欺の真骨頂を目の当たりにしながらも、咎める事もできなかった。

例の出家はその後もその旅籠屋に、まったく遠慮なく遊びに来たという。

品川駅『江戸名所図会』より(国立国会図書館)

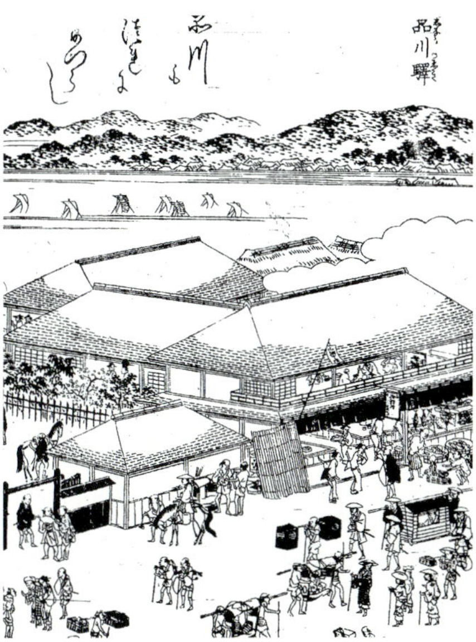

二 沢庵漬の事

東海寺
品川区北品川3　イ-五　A-3

品川東海寺の老僧の案内で沢庵禅師の墓を徘徊した。老僧が語るには、世にいう沢庵漬を、こと東海寺では貯漬という。大猷院様（三代将軍家光）が東海寺で御膳を召し上がられたとき、「禅寺ゆえ何も珍しい物がないので、貯漬の香の物でも」と献じた。「貯漬ではない。沢庵漬である」との上意で、殊のほかご賞味いただいたので、当時東海寺の代官役であった橋本安左衛門の先祖が日々、御城御台所へ香の物を、青貝細工の粗末な塗りの重箱に入れて持参し、納めた。「安左衛門の家に、この重箱は重宝としてある」と老僧は語った。

❶ 泉岳寺

港区高輪2　ト-二　G-3

赤穂浅野家の菩提寺であり内匠頭と四十七士の墓、吉良上野介首洗い井戸がある。浪士は吉良上野介の首級を主君の墓前に供えたあと自首、五十日後に切腹の判決、直ちに介錯された。

❷ 車町

品川区高輪2　ト-三　G-4

「火事は江戸の華」は下級職人にとって、大火が三年の仕事を与えたからとも。文化三年、芝車町に発した大火は米を払底させ、幕府は白米の江戸廻送禁止を撤回、買上げを指示した。

❸ 海蔵寺

品川区南品川4　イ-六　A-4

品川宿の俗にいう投込寺だった。品川牢屋の獄死者、鈴ケ森の刑死者、身寄りのない遊女などの死者を葬った。獄門者の首塚を特に頭痛塚と称し、供養すると頭痛が落ちるという。

❹ 妙蓮寺

品川区南品川1　イ-六　A-4

槍の名手、丸橋忠弥の首塚がある。開幕五十年後、江戸、駿府、京、大坂で倒幕の同時蜂起を企てた（慶安の変）が、未然に発覚し捕まった。以後、大塩の乱まで二百年、武士の反抗はない。

❺ 品川北本宿・南本宿

品川区北品川2・南品川1　ロ-六　A-5

品川は東海道五十三次の一番目の宿、目黒川をはさんで北本宿、南本宿と呼んだ。旅籠一軒に飯盛女（遊女）二名が許可されていたが、府内からの客も多く、守られなかった。

歌川国芳「義徒等本望を遂墓前へ手向けの図」（国立国会図書館）

⑳－2 芝三田二本榎高輪辺絵図

22 目黒白金図へ

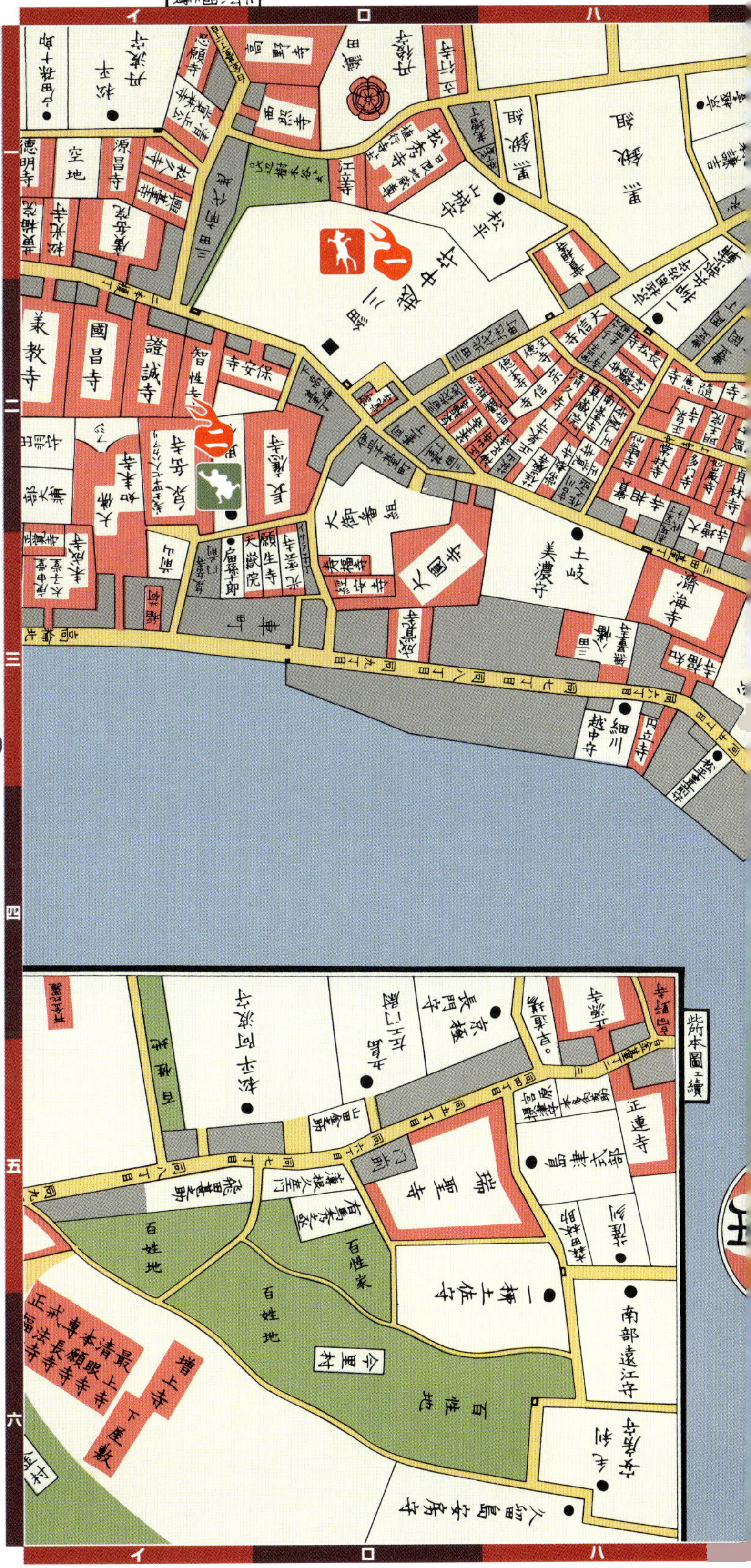

20－1 芝三田二本榎高輪辺絵図へ

21 東都麻布之絵図へ

8 芝口南西久保愛宕下之図へ

芝三田二本榎高輪辺絵図

……………慶応大学・泉岳寺駅周辺

一 熊本城内狸の事

細川越中守
港区高輪1　ロー二 B－2

細川越中守が国元（肥後国熊本。熊本県熊本市）で召抱えた槍剣術(そうけん)の達人が、怪異の起きるという空屋敷を拝領した。引越した当初は何も起きなかったが、だいぶ月日がたった深夜の事、一人の男がやってきて「私は長年この屋敷に住む者。あなたが越してきて非常に迷惑している」という。達人は男が狐か狸だろうと思い、人目に付かないように住むのは勝手だが、もし人に迷惑をかけたりしたら容赦しない、と申し渡すと、男は恐縮して帰っていった。その後、時折男が機嫌伺いに来るので、家族は恐ろしがっていたが、達人は恐れることなくそれなりの挨拶を交わしていた。

半年ほどたち、例の男が麻の裃(かみしも)で訪れ「屋敷の端に、十間四方の土地を頂きたい」という。達人が承諾すると男は喜んで帰っていった。翌日屋敷の隅の土地を縄で仕切っておくと、その夜屋敷を建てるような物音がした。家族は恐ろしがったが、達人は気にもかけず放っておいた。

ある夜、例の男が駕篭に乗り、家来を連れてやってきた。念願の屋敷ができたので招待したいと言う。家族は止めたが、達人は約束の当日例の男のところへ出掛けていった。見ると立派な屋敷が建っており、座敷に入ると酒や吸物などが出た。亭主は非常に喜んだ様子で、さらに奥へ案内するという。「ここから狸に化かされた」と後に達人が語っている。庭を通って別の座敷へたどり着くと、豪華絢爛(ごうかけんらん)たる造りで、様々な料理が出て、土産(みやげ)の折り詰めなどを持たされて帰った。

四、五日後、例の男が供を連れ、屋敷を訪れてくれた礼にやってきた。座敷へ通すと、御礼に伝来の刀を差し上げたいという。達人は断ったが是非にと言うので手に取ってみると、誠に見事な刀であった。鞘(さや)を払って「義弘の作であろう」と賞賛する振りをした隙に、例の男を一刀のもとに両断してしまった。供の者たちが逃げようとしたので、家来たちが集まり取り押さえようとすると、狸の姿となって逃げ去った。

さて、狸が出した料理は、熊本城の台所のもので、その住居と思ったのは城の二の丸であったという。刀は藩主が秘蔵していたものであった。「ああして妖怪を切り殺さなかったなら、のちのちは罪を問われてその身の破滅になっただろう」と皆々恐れあったという。

狸の怪『御伽百物語』より（国立国会図書館）

二 小刀銘の事

泉岳寺
港区高輪2　イー二 A－2

大石内蔵助良雄(おおいしくらのすけよしお)の小刀を喜多伴五郎という槍術(そうじゅつ)の指南をしている者が所持しているのを見た、と長崎奉行、勘定奉行などを歴任した柘植(つげ)長州が語った。それは木束(きづか)の小刀で、次のような銘が彫られていた。

万山不重君恩重　一髪不軽我命軽

この句、良雄の親が彫り付けて、良雄に与えたのを護持して、仇討(あだう)ちの後に泉岳寺に納めたのを、伴五郎が申し受け、いままで持っていたという。あるがままに大石内蔵助良雄を励ます父の遺筆、父子の心は暗に通じているものである。

「尾形児雷也　市川団十郎」「田毎姫　中村福助」「佐賀川ノ怪猫　尾上菊五郎」「高砂勇美助　市川海老蔵」（都立中央図書館東京資料文庫）

有馬(ありま)の化け猫(ばねこ)

猫は愛猫家の主人が非業の死を遂げると、人間の姿に化けて現れ仇討ちをするのだが、最後には退治されてしまう。主人にとっては怨霊にならなくてすむ、忠義を実践遂行してくれる魔物である。筑後久留米藩二十一万石有馬家に伝わる元々の話というのは、出現した化け物を家士が鉄砲で撃ち殺したというものだった。それが芝居で脚色されたのだという。

殿の寵愛が妾(めかけ)に移ってしまったことを恨んだ側室が、その妾を責めて自害させてしまう。その妾は以前、殿に殺されそうになった猫を救ってやったことがあった。恩義を感じた猫は召使の女に化けて、妾を苛んだ側室やら女中らを食い殺し仇を討つ。が、行灯の油を舐めているところを家士に見られ、ついには殿お抱えの力士、小野川喜三郎によって退治されてしまう。

現在赤羽小学校の敷地となっている、三田の有馬家上屋敷跡（1）には、猫塚と呼ばれる石塚が残っている。

もう一つ御家騒動とからんで有名なのが佐賀藩鍋島家の化猫だが、その江戸菩提寺の賢崇寺（元麻布）にも猫塚があったといわれているが今は姿を消した。これは弁天を祀った塚で、巷説からそのように呼ばれていたようである。

8 芝口南西久保愛宕下之図へ

20－1 品川駅・目黒駅周辺へ

㉑ 東都麻布之絵図

9 今井谷六本木赤坂絵図へ

23 東都青山絵図へ

20−2 芝三田二本榎高輪辺絵図へ

22 目黒白金図へ

東都麻布之絵図

… 有栖川宮記念公園・麻布十番駅周辺

一 幽鬼奇談の事

光照寺
港区麻布永坂町　ロ－三　B－3

間部(まなべ)藩中（鯖江藩。㉔図　へ－二に下屋敷あり）の医師青木市庵のところに、ある夜の丑三(うしみ)つ（午前二時半頃）のころ、女の霊が現れ「自分は奥州三春(みはる)（磐城国。福島県田村郡三春町）の出身だが、市庵の友人、北島柳元の家にいる者の持っている扇箱(おうぎばこ)を貰い受けて欲しい」と言う。夜が明けたので柳元の家に使いを出すと、柳元は急いでやってきた。市庵が夜中の出来事を話すと、柳元は家に帰り三春出身の弟子を呼んだ。ちょうど外出中だったので弟子の部屋の中を探ってみると、扇箱が見付かった。ほどなく帰ってきた弟子に例の扇箱を見せながら「中身はなんだ」と尋ねると、その弟子は「こうなれば包み隠さず申し上げます」と涙を浮かべて語り始めた。

「私は奥州三春に生まれ、幼少の頃母と死に別れました。父が江戸へ奉公に出たので、私は菩提寺に預けられた後、太郎兵衛という百姓に雇われました。読み書きのできる使用人は貴重だというのでたびたび家に出入りしていましたが、一人娘と密通し、懐妊させてしまったのです。娘と相談の上逃げ出すことになりましたが、娘は家から二百両を盗み出して参りました。二里ほど逃げたところで、考えてみれば太郎兵衛には恩を受けたのに一人娘と密通し、その上二百両を持ち出して嘆かせることは人情にそむき、たとえ逃げ延びたとしても天罰が下るだろうと思いました。三里ほど行った所に娘の叔父の家がありましたが、娘はそこが叔父の家だとは知らないので、娘に内緒でその叔父に事情を話し、娘を預け、二百両を返したのです。私はそのまま江戸へ出て父に会い、松平右近様に足軽奉公いたしました。翌年その娘は親元に帰って出産後、母子ともに亡くなったと聞かされました。私は出家したいと父に願いましたが許されなかったので、せめて髪だけでも剃りたいと思い、こちらに弟子入りして髪を剃り、日々精進しているのです」と言って例の箱を開くと、中には剃った髪と血で書いた念仏が納められていた。柳元は菩提寺の麻布永坂光照寺にそれを納め、髪塚を立てて弔ってやった。その後市庵の夢に例の女が現れて「追善供養によって妄念が晴れました、ありがとうございます」と礼を述べたという。その弟子はのちに念願どおり出家し、光照寺で修行して、武州桶川（埼玉県桶川市）の西念寺の住職となったという。

『御伽厚化粧』より（国立国会図書館）

麻布七不思議

江戸は町々に七不思議があったが、よく知られたのが本所と麻布の七不思議だ。「善福寺の逆銀杏（1）」は、逆さに生えているように見える銀杏で都内最古の天然記念物。親鸞上人の杖が根づいたという伝説から、弘法大師の杖銀杏ともいう。同じく善福寺境内にある「柳の井戸（2）」は、揚柳水、鹿島清水ともいい、弘法大師が柳の下で祈った際に湧き出したといわれている。「七色椿（3）」は別名「化け椿」というように、一日のうちに花弁の色が変化したという。昭和十二年（1937）まで咲いていた。山崎主税助邸の「蟇池（4）」は、池に棲む蟇が水を抜かないでくれるなら火事の際に屋敷を守ると約束し、それを果たしたという話。麻布十番稲荷神社には、蟇池にいわれのある大小の蟇が現在も鎮座奉納されている。「狸穴（5）」をめぐってはいくつかの話がある。そもそも狸穴は字のとおり狸の棲む穴のことであるが、狸穴坂の下には古洞があり、古狸が棲んでいた。また、近くの蕎麦屋の主人が狸穴に住んでいた狸を祀ったことから、その蕎麦を「狸蕎麦」と呼ぶようになったという。現在、狸穴公園に狸の祠と呼ばれるものがある。「鷹石（6）」は善福寺門前の東町に鷹が浮き出た石があり、見物人が絶えなかった。『耳嚢』「鈴森八幡烏石の事」に登場するこの石は、後に松下烏石という書家によって移され、現在は大田区大森北の磐井神社に烏石として保管されている。永坂の「要石（7）」は往来に出ているのは径三十センチだが、どこまで巨大なのか掘り出せず、塩を盛って祀ったのだという。

柳おんな『絵本百物語』より（国立国会図書館）

豆狸『絵本百物語』より（国立国会図書館）

9 氷川神社・赤坂駅周辺へ

22 目黒白金図

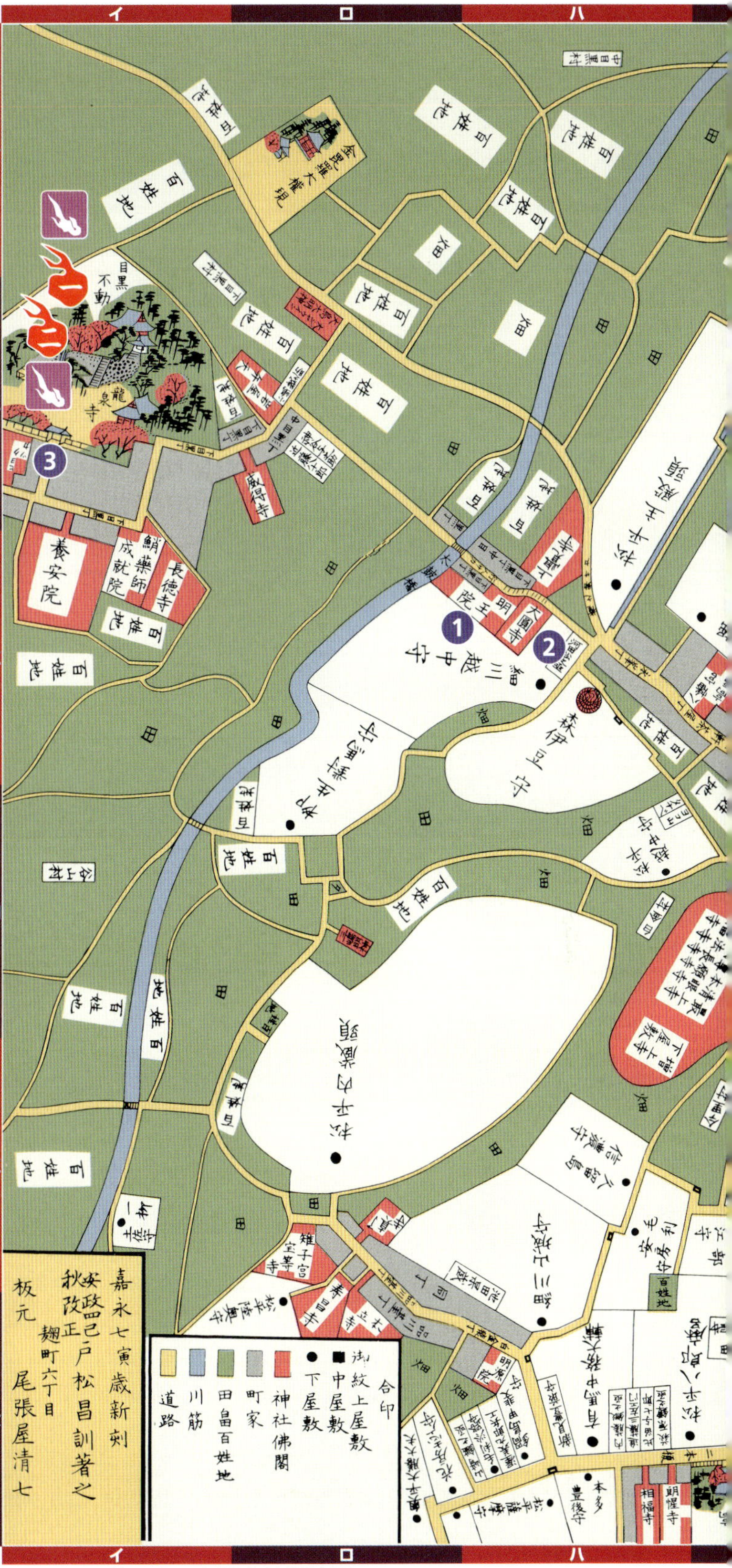

 20−1 芝三田二本榎高輪辺絵図へ

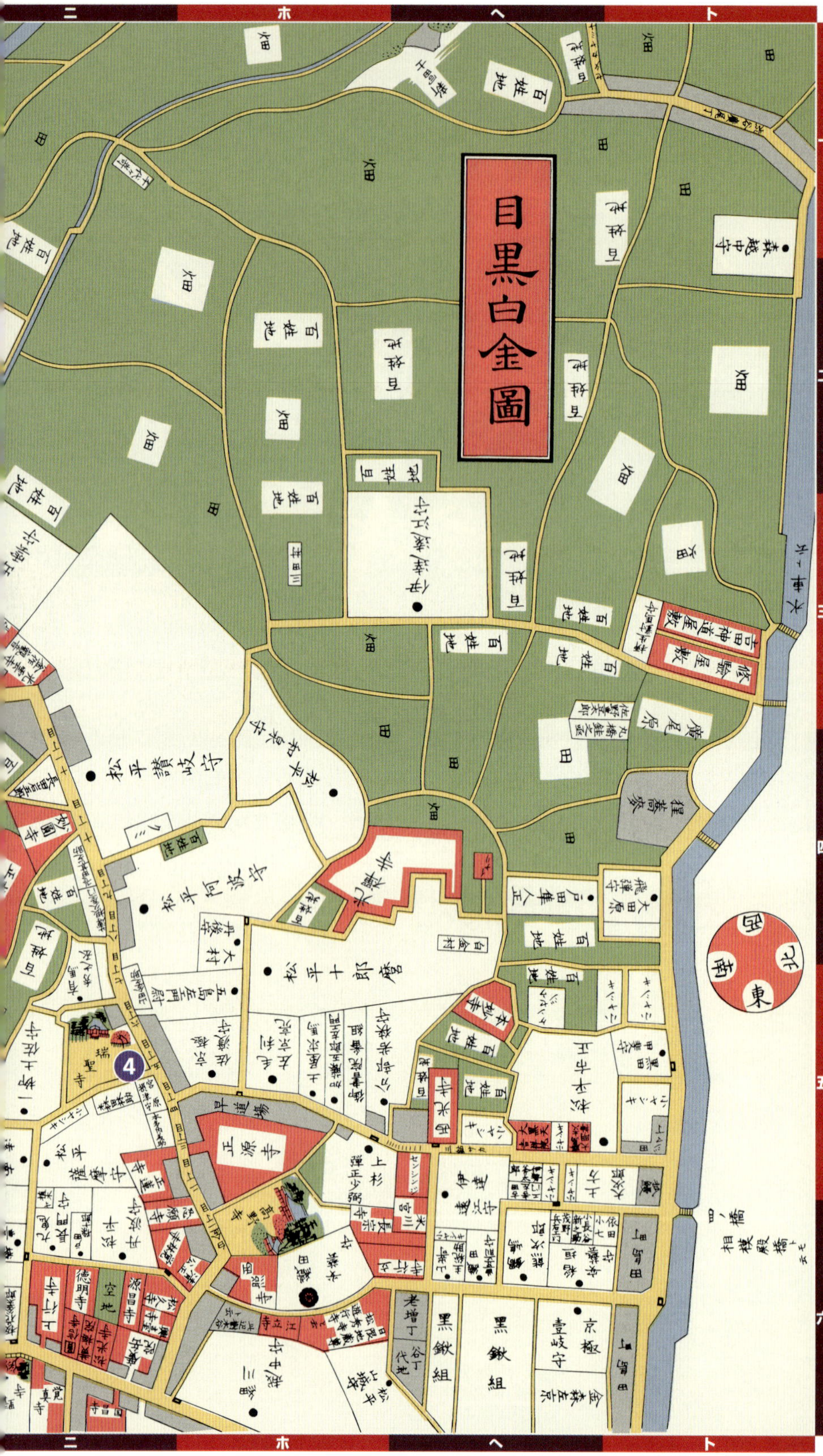

23 東都青山之絵図
21 東都麻布之絵図
20－2 芝三田二本榎高輪辺絵図へ

目黒白金図

目黒不動・白金台駅周辺

一 悪気人を追う事

目黒不動
目黒区下目黒3　イ-二　B-1

柳河城主、立花家の下谷の屋敷（⑮-1図　ヘ-五）近くに町がある。その町の者が目黒不動に信心して度々、参詣していた。

あるとき七つ刻（午前三～四時頃）に家を出るべきなのに、刻限より早く、八つ刻（午前一～二時頃）に起きてしまった。参詣に向かうべく、日本橋通り（❻図　ヘ-一）を歩くうち、ようやく七つ刻になり、しばらくゆっくり歩いていると、芝口（❽図　ホ-一）に信楽（しがらき）という水茶屋（みずぢゃや）が見えてきた。ところが、さっきの日本橋あたりから、何かざわざわと音をさせてついてくる気配がある。振り返って見ると、縄のような物がついて来るのであった。その縄のような物は、こちらが足早になると早くなり、立ち止まると止まるのである。自分の足か裾に糸でも付いていて、そこに絡まっているのかと思い、あらためて足元を確かめるが、そんなこともない。何やら気持が悪くなり、急いで信楽茶屋に立ち寄った。

まだ夜更けなので、町家も戸を開けない時刻なのに、この水茶屋は朝立（あさだち）の旅人客のために灯を入れてあるので、すっかり嬉しくなった。主人は「今日は、これはこれはお早うございますな」と丁寧な挨拶をして、お茶を煎（い）れてくれた。刻限を間違えて早く出て来てしまったことなど話しながら、しばらく休み、まだ夜が明けない門口の戸を見ると、外にまだ例の縄のような物がいる。門口を閉めて、茶屋の奥に入り、「まだ夜も明けないし、気分が悪いのでしばらく休ませてくれ」と、枕など借り受けて横になった。

ほどなく夜明け。行き交う人も出てきたので、「帰りには必ず寄るよ」と言って、目黒に参詣し、身の上のことを祈った。幾つかのついでの用事も済ませ、食事もして、夕方になった帰りがけ、信楽のあたりを通って見ると、表に忌中の札が出ている。「今朝はなんでもなかったのに」と、あたりの人に訊くと「どうしたわけか、茶屋の主人が首を吊って死んでしまったのですよ」と言うではないか。

「これは私の災厄だったのだ。それを目黒不動の加護で、ぎりぎり逃れたのだ。あの縄ははじめ蛇だと思っていたが、縄に邪気が籠っていて、私を尾行してきたのだ」と、語ったことである。

手負蛇。手負いの蛇は必ず復讐に現れるという
『絵本百物語』より（国立国会図書館）

二 目黒不動門番の事

目黒不動
目黒区下目黒３　イー二　B－１

目黒不動の門番が両眼ともに病んで、薬も効かない。そこで、知り合いの陰陽師に占ってもらうことにした。陰陽師は筮竹を取って「これは神仏の罰だ」と占った。これには大変驚いて帰ったが、ほどなくしてすっかり治ってしまった。

しばらくして今度は片目が悪くなった。「何があったのか」と質問すると門番は「占いの通り、仏罰だ。怖い怖い。お不動には、夕刻、境内の門を閉めた後も、参詣があって、よく門外から賽銭を投げるのだ。そういう賽銭を門番の収入として、好きな酒の代金に代えて長年やってきた。占いに仏罰と出たのは考えればその罰なのだ。お不動に深く懺悔して、二度としませんと祈り誓ったら、両目とも治った。しかし好きな酒が呑めないので、投げ入れられた賽銭を、半分着服し、半分はお不動さんに納めたら、今度は片目だけが悪くなった」と言う。目黒不動は実に計算がしっかりしている、と可笑しさのまま ここに記録するものである。

① 明王院

目黒区下目黒１　ハー三　C－２

明王院の僧、西運は火刑に処せられた八百屋お七の菩提を弔うために一万日の行を発願した。目黒不動と浅草観音の間を隔日の夜に参詣するのである。そして五十四年をかけて完遂した。お七が吉祥寺の寺小姓、吉三との再会を願うあまり放火した話はあまりに有名。西運は吉三の後の姿で、その墓は移され、現在は大円寺にある。

② 大圓寺

目黒区下目黒１　ハー三　C－２

目黒行人坂の途中にある大円寺は明和九年の行人坂火事の火元となったことから再建を長く許されなかった。火事による死者一万五千人。寺僧の放火が原因という。

③ 目黒不動

目黒区下目黒３　イー二　B－１

近くに色悪、白井権八と遊女小紫の比翼塚がある。権八が鈴ケ森で処刑されたことを知り、小紫は吉原を抜け出し権八の墓前で自害した。

歌川国芳『目黒不動之図』（国立国会図書館）

④ 瑞聖寺

港区白金台３　二ー五　E－５

隠元が伝えた江戸期唯一の新宗派、黄檗宗の寺。ここに墓のある了然尼は仏門に入るにあたって、意見する和尚の目前で炉にある火を若く美しい顔に押し当て、その決意を示した。

24 内藤新宿千駄ヶ谷辺図へ

㉓ 東都青山絵図

22 目黒白金図へ

10 千駄ヶ谷鮫ヶ橋四ッ谷絵図へ
9 今井谷六本木赤坂絵図へ
21 東都麻布之絵図へ

東都青山絵図

青山霊園・渋谷駅周辺

一 陰徳陽報疑いなき事

御先手組
港区南青山1
ト－四 F－3

寛政七年夏の事、青山御先手（おさきて）組（ぐみ）か、または御持組（おもちぐみ）の同心（どうしん）が自分の組の切米を換金するため札差の所へ行った。同心仲間の切米金を全て受け取り駕篭（かご）に乗って戻ることにし、組屋敷近くで駕篭を降りたが、受け取った金を財布ごと駕篭に置き忘れてしまった。同心は途方にくれ死のうと思ったが、事情を語らずに死ぬのは悔しいと思い、古い仲間を呼んで事情を話した。事情を聞いた仲間は「まずは金の行方を探してみるべきだ」と説得して帰った。

翌日、同心の家に見知らぬ侍が訪ねてきた。その侍は「こちらのご亭主は何か落し物をされておりませんか。怪しい者ではありませんのでお会いいたしたいのです」と言う。同心が会って尋ねると、侍は昨日乗った辻駕篭に財布があり、中の書付にここの名前があったので持参したのだという。同心夫婦は大いに喜び、いろいろとその侍を引き留めたが、「お金をお返しできれば、私も嬉しいのです」と名前も言わず帰ってしまった。

そうはいっても命の恩人をそのまま帰すわけにはいかない。総門の番人に頼んで侍の跡をつけさせると、松平下総守の屋敷（❶図　ハ－四）へ入った。総門の番人が下総守の門番に、例の侍の事を尋ねると、下総守の門番は怪しい者だとでも思ったのだろうか、取り合ってくれなかった。総門の番人は仕方なく同心のもとに帰ったが、同心は「このままにしておくわけにはいかない」と翌日下総守の屋敷へ向かい、門番に、自分が財布を落とし、こちらの侍が拾ってくれた事を語った。しかし門番は心当たりがないというばかりでとりつくしまもない。

三ヶ月が過ぎ、例の侍が同心の元へやってきた。同心夫婦はことのほかに喜んで厚くお礼を述べたが、その侍の言うには「私も今日はお礼に参ったのです。ご主人が二度までも当家の門へいらっしゃって私の事を訪ねてくださり、また事のあらましを話してくださった。そのことを門番が主人へ申し上げたため、家中の手本だということで褒美を下さり、加増がありました。以前は四十石の扶持を頂いていましたが、二十石の御加増がありましたので、御報告とともにお礼に参りました」という。名前をしきりに尋ねたが、とうとう言わずに帰ったという。

二 怪妊の事

麻布
港区中央部西側　二ー六　E－5

麻布辺の松平姓の寄合の家来に娘があった。この娘がいつの間にか懐妊していて、尋常な様子ではない。隠して男を作るような娘ではないし、父母といつも一緒なので、好きな男ができることもない。娘に問いただしても「まったく覚えがない」と言う。

寛政八年（1796）四月、臨月近くなって、娘の腹中で何か物を言う気配がある。「言語なのか不明瞭だが、腹中に物音がすることは間違いない」と、みな思い、ほどなく何が生まれてくるのだろうか、と人々、怪しみ語ったということ、ここに記録しておく次第である。

① 金王八幡宮（こんのうはちまんぐう）

渋谷区渋谷3　イー四　B－4

この地を支配した渋谷氏が八幡宮に祈願して生まれたのが金王丸。金王丸は頼朝義経兄弟の父、源義朝の寵童となり、義朝横死後は出家遍歴、当宮は金王丸が彫った木像を伝える。

② 長者ヶ丸（ちょうじゃがまる）

港区南青山4付近　二ー四　D－3

中世、この地に渋谷の長者が館を構えていた。またの名を黄金の長者といい、その塚には宝が埋めてあると伝えられる。が、あばいた者は祟られた。長者丸（船光）稲荷も長者の勧請という。

岡本綺堂（おかもときどう）

美濃郡上藩青山家の下屋敷のあった地は、現在青山霊園になっている。この霊園に眠る岡本綺堂は、明治五年（1872）の生まれ。明治維新後の大名、旗本屋敷は荒れ放題、綺堂が「化物屋敷が一町内に一つはあった」と記す麹町に育った。父は旧幕臣。十八歳で自活のため新聞社の校正係となり、まもなく劇評を載せたときのペンネームが狂綺堂、「狂言綺語」である。三十代に書いた戯曲『修善寺物語』の成功により作家となって、大正五年（1916）に書きはじめたのが『半七捕物帳』。遠ざかる江戸を記録しておきたいという思いがあり、たまたま読んだ探偵ホームズのロンドン描写が半七老人を思いつかせたと語っている。その作品群は『番町皿屋敷』など怪談・怪奇物もふくめて考証の確かさが魅力になっている。泉鏡花とは怪奇、神秘の描き方が外からと内からとの違いがあるが、誕生が同年、死去も同年の昭和十四年（1939）。

24 内藤新宿千駄ヶ谷辺図

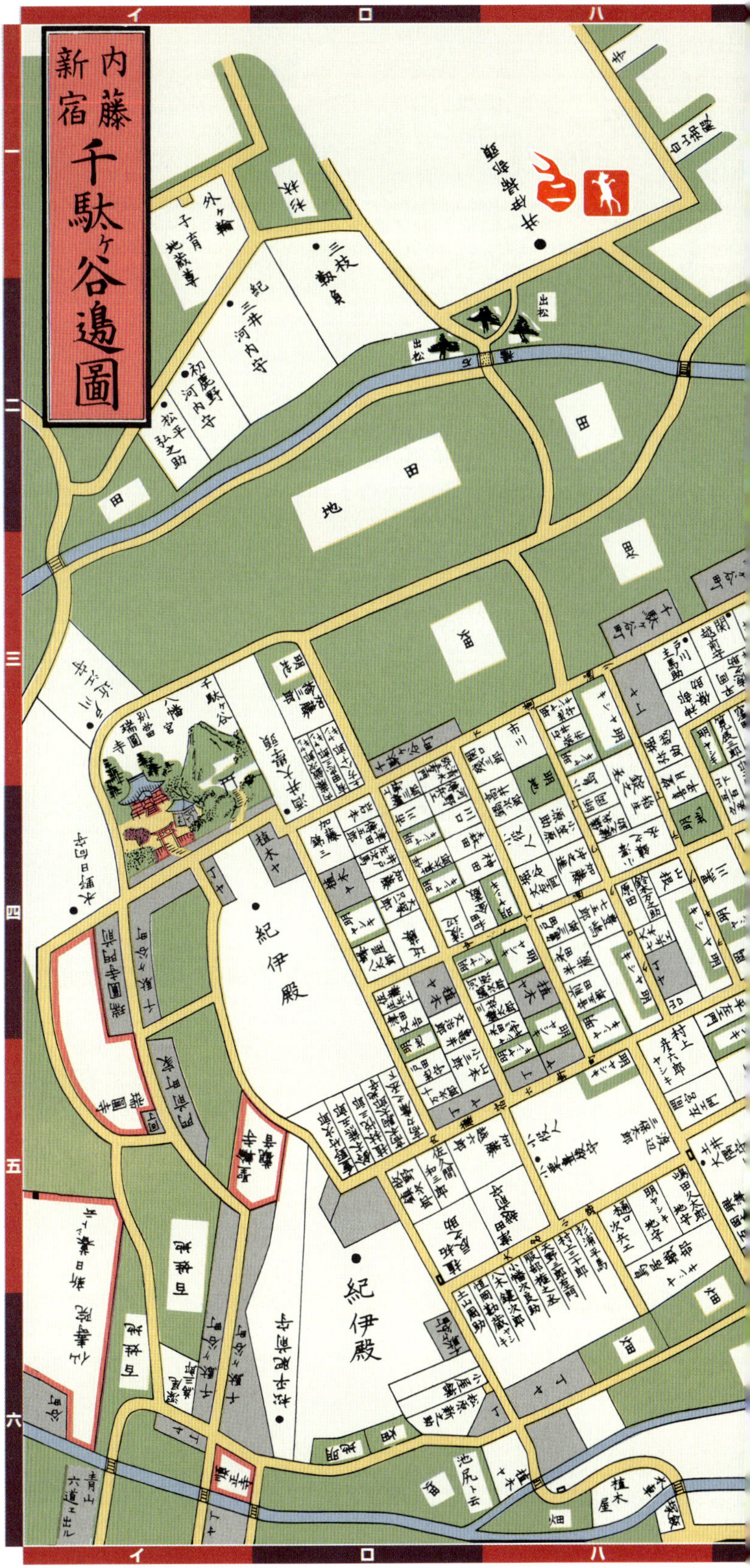

23 東都青山絵図へ

25 牛込市谷大久保絵図へ

10 千駄ヶ谷鮫ヶ橋四ッ谷絵図へ

内藤新宿千駄ヶ谷辺図

明治神宮・新宿駅周辺

一 相馬家の家風非常の事

四谷大木戸
新宿区四谷４ へ－六 D－六

四谷大木戸に、七百石の御旗本で相馬小太郎という人があった。相馬（平）将門の嫡孫の筋で、諸侯に列する相馬因幡守より、かえって本家にあたるわけである。というわけで、因幡守の家とは仲が悪く、お互いのやり取りもない。

この家は神田明神と神縁があり、社家、社人など年々の祭礼の際には、代々やって来て、相当の饗応をする。

さて、この家に奇習がある。毎年正月十一日に、主人は麻の裃（かみしも）を着る。嫡子は脇に並び、酒の役、墨付け役などという者もいる。その日、門前を通る者は男女の別なく屋敷内に呼び入れ、豆腐、里芋、牛蒡（ごぼう）、人参など正月の煮物を肴（さかな）に酒をふるまう。その後、額や手に墨を付ける、というのが家法なのである。近隣の者はみなこれを知っていて、いやだと思う者は屋敷の前を通らない。しかし、別に争論も無く済んできたのである。私の一族の者が、正月十一日にその家へ行ったことがあって、その式をはっきりと見て来た、と語った。

二 痴狸（ちり）油に酔うて死を致す事

井伊掃部頭
渋谷区代々木神園町 ハ－一 B－３

内藤新宿の先に井伊掃部頭（かもんのかみ）の抱屋敷がある。そこの百姓屋に、惣囲いの門番などをする嘉兵衛という者があった。町へ出るには遠いので、嘉兵衛は、灯し用の油を一升や五合の壺に入れ、いっぺんに大量に調達していた。

ある暮れ方、油を買って帰る途中、何度も同じ道を通り、行きつ戻りつとなって自宅に帰れなくなってしまった。ふと気づいて「これは狐狸妖怪にたぶらかされたな」と思った途端、道が忽然と判明したのである。ところが、自宅に戻ると、買ったはずの油が一滴もない。「狐狸め、油が目当てだったか、無念」と、寝てしまった。夜中に目覚めると、自宅の脇の物置部屋から、しきりに鼾（いびき）が聞こえる。驚いて起き上がり、「盗賊か」と棒を引っさげ、よくよく見ると、これが狸なのである。「憎い奴め」と棒を持って打つと、狸は目覚めたが油に酔っていて体が動かない様子である。ただ、ひたすら打って打ち殺したということである。

筑前国山中で狸の腹つづみを聞く『宿直草』より（国立国会図書館）

三 小笠原鎌太郎屋敷 蟇の怪の事

内藤新宿
新宿区新宿 2　へ－五 E－5

内藤新宿に小笠原鎌太郎貞三という、小身の旗本があった。この家の流し元に、小豆洗いあるいは小豆磨ぎ、という怪異のことがあった。流しには誰もいないのに、時として小豆を洗う音がする。立ち出でてみるが、別に何事もない。だんだん、それが日常的なことになってきたので、強いて怪しむこともしなかった、という。

「年を経た蟇蛙の仕業と聞いたことがある」と人は語ったが、その傍の人も「ほかでもその話を聞いたが、その通り、蟇蛙の妖怪です」と言った、という。

小豆あらい『絵本百物語』より（国立国会図書館）

① ヨドバシ（淀橋）

新宿区北新宿 2　ト－一 G－1

神田川に架かる淀橋は京の淀川に似ていることから名が付いたが、昔は姿見ずの橋と呼ばれた。それは猜疑心の強い中野長者が、怪しんだ召使いを殺すとこの橋から投げ捨てたからだった。

② 十二社権現

新宿区西新宿 2　へ－一 E－1

中野長者は昔、博労だった。その娘、小笹姫は婚礼の日、熊野神社からわきだした黒雲に誘われたように雨の中を飛び出し、十二社の弁天池に飛び込んだ。父の悪行の酬いという。

③ 内藤新宿

新宿区新宿 2　へ－五 E－5

甲州街道最初の宿が高井戸で、江戸から離れていたため内藤新宿が設けられ、武蔵野台地開発とともに遊客で栄えた。地名は現新宿御苑が高遠藩内藤家の中屋敷だったことから付いた。

④ 大宗寺

新宿区新宿 2　ト－五 E－5

泣く子を黙らせようと閻魔の口元に差し出したら子を一口で呑み込み、着物の紐が口から出ていたのでつけ紐閻魔の名がある。目玉を盗んだ泥棒が気絶して捕まり、いよいよ信仰を集めた。

⑤ 正受院

新宿区新宿 2　ト－五 E－5

脱衣婆は三途の川の渡し場で死者の衣服をはぐのが仕事。閻魔と一対で信仰される。ここの脱衣婆は願い事をなんでもかなえてくれると、幕末、寺社奉行が禁じたほど流行した。

㉕ 牛込市谷大久保絵図

24 内藤新宿千駄ヶ谷辺図へ

10 千駄ヶ谷鮫ヶ橋四ッ谷絵図へ

11 市ヶ谷牛込絵

26 雑司ヶ谷音羽絵図へ

図へ

12−2 礫川牛込小日向絵図へ

牛込市谷大久保絵図

……… 早稲田大学・新宿三丁目駅周辺

一 外山（とやま）屋敷怪談の事

尾州殿
新宿区戸山2・3　ホー二 D－3

尾州藩（尾張徳川家）の下屋敷は広大で、造園も東海道五十三次の景色そのほか山水の眺望が誂えられて有名である。

ある時、御成（将軍の訪問）があるということで、事前検分があった。見回るうちに、庭奥に錠の掛けられていかにも古い社を見つけた。その頃、頭取を勤めていた夏目某が、「この社は何ゆえ錠で封じてあるのだ」と訊いた。「これは昔からの申し伝えで、邪神が封じてある。この錠を開けたことは一度もない」と、笑って答えた。「御成の事前検分である。もし将軍家が封錠のことをお尋ねになったらどうする。見せて貰おう」と言う。懸命に止めたが彼にも一理はある。結局、鍵が渡され、扉を開けたが、瞬間、非常に驚いて閉めてしまった。「何か真っ黒なものが、頭をぐっと差し出した。眼の光が照射して、恐ろしいなどというものではない」と、言ったという。

盗人の火『古今百物語評判』より（国立国会図書館）

二 修験（しゅげん）忿恚（ふんい）執着の事

牛込
新宿区北東部　ヘー四 E－5

牛込あたりに住む軽輩の母が、夏に質入れしていた夜具を、冬、受け出して寝ていた。夜具をかぶって一眠りした頃、「婆、婆、暖ったかいかね」と声が聞こえる。驚いて質屋に行き「こんなことがあった。なにか訳があるだろう」と訊くと「その夜具は質入れされたまま、蔵にしまっておいた。他の人に貸したりしたこともない。何の訳もあるものか」と憤然としている。何か自分の心に障る、思い当たることがないかとも考えたが、それもない。

ひとつ思い出したのは、質屋から受け出した頃、表に修験者が一人来て無心されたこと。忙しいので相手にしなかったが、恨まれるほどのことではない、と言うと、近所の老人が言うには「それに違いない。その修験者はまた来る。今度来たら、少々の喜捨（きしゃ）をして、お茶など出して快く帰してあげなさい」と教えた。

翌日、果たして修験者がやって来た。「この間は取り込んでいて、乱暴に断って悪かった。許してください。さあ、お茶でも飲んでいっておくれ」と懇ろにもてなし、少々の喜捨もした。修験者は「この間は粗暴に扱われたが、はてさて、人は一面では理解できないものだ」と世間話などをして帰った。その後は、例の夜具の怪異も無くなった、という。

三 久貝氏狸を切る事

牛込
新宿区北東部　へ一四　E－5

牛込に住む久貝宗左衛門が、ある夜、机に向かって書き物をしていると、縁側に上がってくる者がある。見れば振袖の白無垢(しろむく)を着た六十歳あまりの老女である。髪を振り乱して「これまで代々現れて願いたかったことがあるが、皆、恐れてしまうのでできなかった。あなたは剛勇の人なので、お願いに上がった。わらわは御当家五代以前、奥に勤めていた腰元。いささか逆鱗に触れて手討になったが、いまだ成仏もできず冥府地獄に迷い苦しんでいる。どうか法事をして弔っていただきたい」と言う。久貝氏これを聞いて「それはありそうなことだ。しかし若い腰元で振袖を着て死んだのに、なぜ老いたのだ。それが不思議だ」と訊いた。返答に困り当惑しているところを、抜き打ちに斬りつけると、わっと叫んで逃げた。物音で駆けつけた家来に「血痕を追え」と命じた。血を追うと屋敷の庭の熊笹に消え、唸る声がする。引っ張り出してみると老いた狸であった、ということである。

四 若松町化け杏樹(いちょう)の事

若松町
新宿区若松町　二一四　C－4

牛込と大久保の境に若松町という町があるが、その町の組屋敷あたりに杏樹の鬱蒼(うっそう)たる古木があった。ある年、近辺の日当たりがなくなるほど、あまりにも枝葉が繁茂したので、職人を入れて枝を伐らせた。作業が半ばに達する頃、どうしたことか、樹木に慣れた専門職が真っ逆さまに落ちて、大怪我をしてしまった。この樹、枝によっては血を出すこともあり、あるいは煙が立ち昇るなどということもあって、近隣では、化け杏樹と呼ばれ、恐れられていると、同町組屋敷に住む与力(よりき)が語っている。

① 西向天神(にしむきてんじん)

新宿区新宿6　ロ一一　B－2

紅皿の石板碑がある。紅皿は太田道灌が急の雨に蓑を求めると、山吹の一枝を差し出したことで知られる女性。「七重八重花は咲けども山吹の実の（蓑）一つだに無きぞ悲しき」。

② 専福寺(せんぷくじ)

新宿区新宿6　ハ一二　C－3

「血みどろ、妖怪」浮世絵で知られる絵師、月岡（大蘇）芳年の墓がある。明治二十五年、精神を病んで五十三歳で没。その絵は江戸幕府も文明開化も同じとする怨念を伝える。

③ 姿見橋(すがたみばし)（面影橋(おもかげばし)）

新宿区西早稲田3　ト一一　G－3

お戸姫は自分の黒髪を切り、この橋の上でその姿を流れに写して見た。また、お戸姫がここから身投げしたので、その面影を偲んだともいう。とにかく婚礼の列はこの橋を避ける。

24 明治神宮・新宿駅周辺へ

㉖雑司ヶ谷音羽絵図

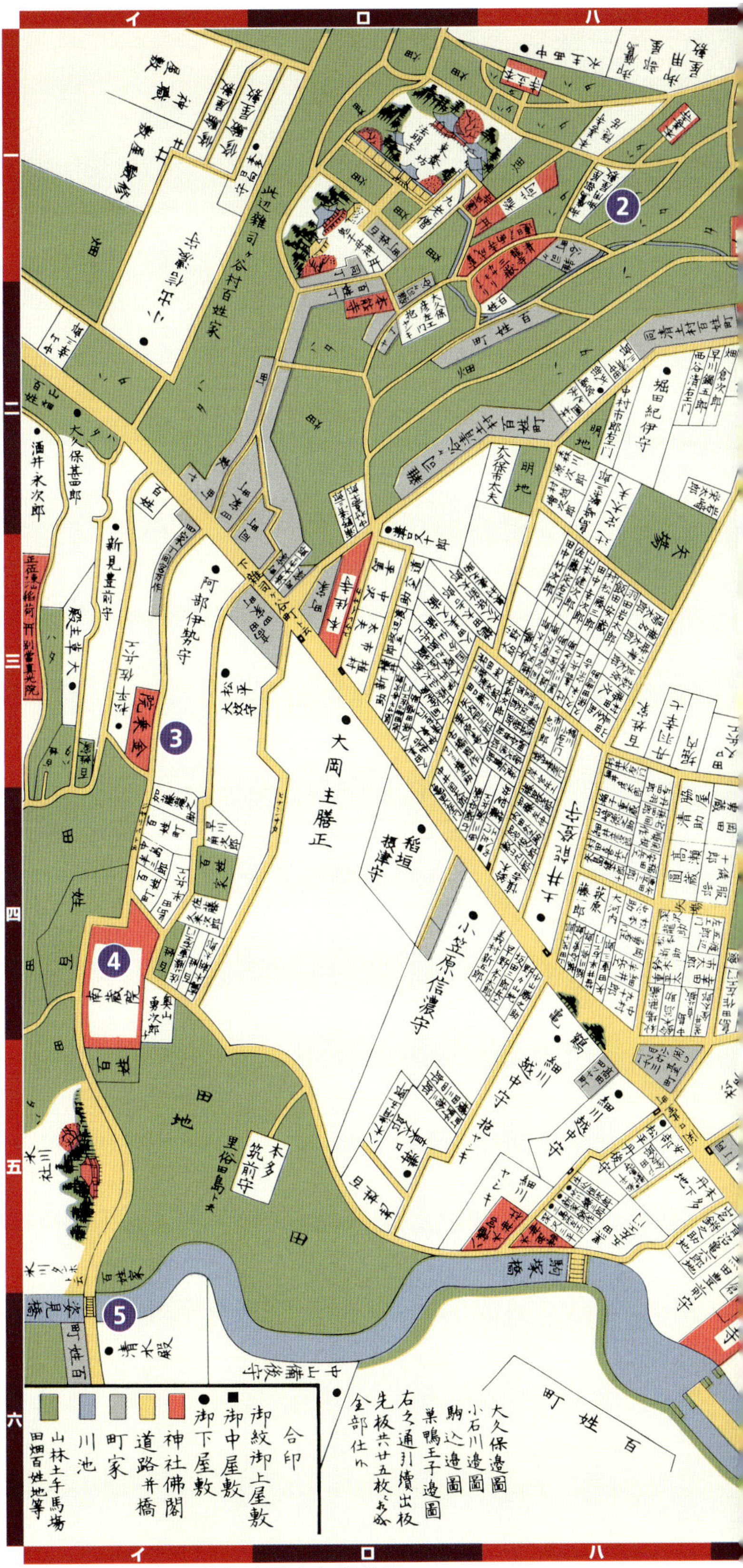

25 牛込市谷大久保絵図へ

28 染井王子巣鴨辺絵図へ

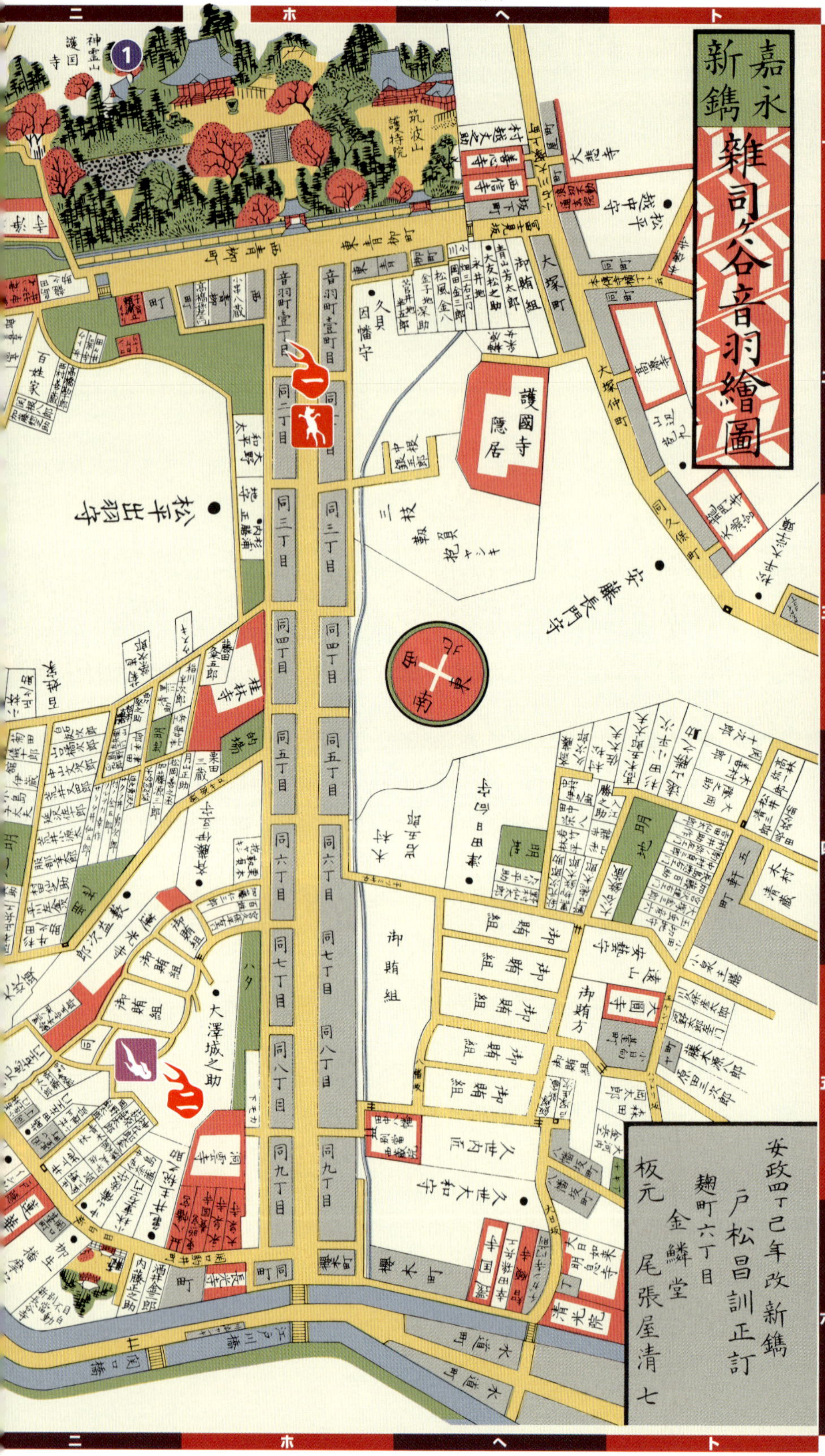

13 東都小石川絵図へ
12-2 礫川牛込小日向絵図へ

雑司ヶ谷音羽絵図

鬼子母神・護国寺駅周辺

一 鱣魚（うなぎ）の怪の事

音羽町
文京区音羽1・2　ホーニ E－4

穴鰻を釣る名人が、小石川の音羽町に住んでいた。もとより、鰻以外でも釣りと名が付けばそれは目のない人間であった。この男、水茶屋のような店を経営していて、麦飯（むぎめし）や奈良茶を商っていた。

ある日、ひとりの客が来て、麦飯を食いながら、あれこれ話をしていたが、話のついでに「普通の釣りでも殺生だが、なかでも穴に隠れている鰻を釣り出すなどということは、罪が深いことだ。あなたも釣り道具をいっぱい持っているから釣りをするようだが、特に穴釣りなどは止めたほうがいい」といった。

折から、ときおり雨の強く降るような季節である。主人は、釣りには絶好の時節とばかり、いそいそと支度して、どんど橋(船河原橋。⑫－1図　ハ－二)とかいう場所へ行って釣りに興じるうち、いかにも大きな鰻を釣り上げ、喜び帰った。いつものように調理すると、その鰻の腹から麦飯がどっさり出てきた、という。

ひとりがこの話をすると、もうひとりが話し始めた。

それに似た話がある。昔、虎の御門(❷図　ト－三) で御堀浚いがあったときに、作業の人員を引き受けた親方が、うたた寝していると夢うつつに誰かがやって来て、浚いの話などをする。たくさんの人間を使っているので、そのうちの一人だろうと思って、世間話を語り合った。「さて、このたびの浚渫（しゅんせつ）では、鰻が夥しく出て来る。その中に長さなら三、四尺、太さも凄い鰻が出てくる。それは古くから御堀に棲む鰻だから殺してはいけない」と頼むように言う。快く請合って、ありあわせの麦飯などをご馳走し、再会の約束をして別れた。

次の日、別件の用事があって御堀に着いたのは昼ごろ。約束を思い出して浚渫の現場に行き「鰻か何か大きなものを掘り出したら、それを貰いたいのだが」と言うと「まさに、凄まじい鰻が出ました」と申すのである。見れば、もう打ち殺してしまった後。腹を裂くと、麦飯が出てきた。「昨日、夢に出てきて頼んでいったのはこの鰻だったのか」ということで、その後は一切、鰻を食うのをやめた、ということである。

二つの話はほぼ同様で、どちらが本当とかどちらが嘘とか、いうことではない。

鰻に似た怪しい生き物を捕らえて後、様々な怪現象が喜六を襲う『御伽百物語』より（国立国会図書館）

武家の抱屋敷にて古碑を掘り得し事

大澤城之助
文京区関口３　ホー五　E－５

文化六年（1809）の頃、もと高家を勤めた大沢家の目白の下屋敷はいたって草深く、寂寞とした古池などがある。その屋敷を守る人が、地面が毎晩唸るので不審に思い、掘ってみると、石塔が二つ出てきた。ひとつは文字が定かではない。もうひとつは文明七年（1476）と年号がある。戒名も不明だが尼という字がおぼろげに見える。その夜、男の夢に、見知らぬ人が出て「これ以上掘ったら命にかかわるぞ」と告げた。そこで掘り出した石碑を大沢家の隣の洞雲寺に納めさせた、という噂が広まった、とある人が語ったことである。

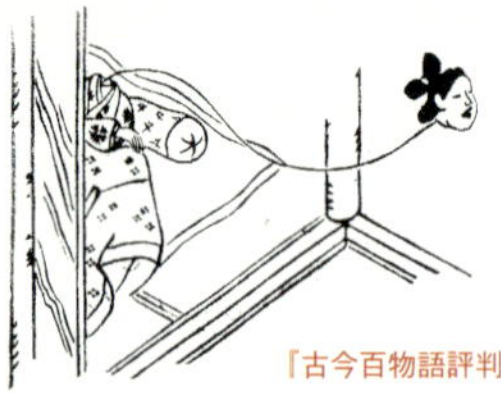

『古今百物語評判』より（国立国会図書館）

① 護国寺（ごこくじ）

文京区大塚５　ニー一　E－３

五代将軍綱吉は母、桂昌院が僧に祈祷を頼んで生まれた。院の発願により建立されたのが護国寺。生類憐れみの令は院と隆光の建言。隆光開山の護持院は後に護国寺へ合併された。

② 御鷹部屋御用屋敷（おたかべやごようやしき）

豊島区南池袋４　ハー一　D－２

将軍御用の鷹匠たちが住んでいた区域が維新後、雑司ケ谷霊園になった。ここには日本の湿潤を愛し怪談を好んだ小泉八雲や、超現実をリアルに録して独壇の泉鏡花の墓がある。

③ 金乗院（こんじょういん）

豊島区高田２　イー三　B－３

三代将軍家光は実弟ほか有力諸大名をとり潰した。軍学者由比正雪は槍術指南の丸橋忠弥と謀り、世に溢れる浪人を糾合、倒幕を企てたが発覚。斬首された忠弥の墓がここにある。

④ 南蔵院（なんぞういん）

豊島区高田１　イー四　B－４

三遊亭円朝の「怪談乳房榎」の舞台となった。絵師が南蔵院の天井画を描く留守中、妻は犯されさらに絵師も殺されてしまう。その幼子は榎のこぶが出す露を乳として育ち仇討ちをはたす。

⑤ 百姓家・姿見橋（面影橋）（ひゃくしょうや・すがたみばし（おもかげばし））

豊島区高田１　イー六　B－４

伊右衛門がお岩と小仏小平の死骸を戸板の裏表に括りつけて流したのがこの辺り。『東海道四谷怪談』での話。この辺りを雑司ケ谷四家町といいい、半里下流には神田上水の取水口がある。

29 根岸谷中日暮里豊島辺図へ

㉗ 東都駒込辺絵図

28 染井王子巣鴨辺絵図へ

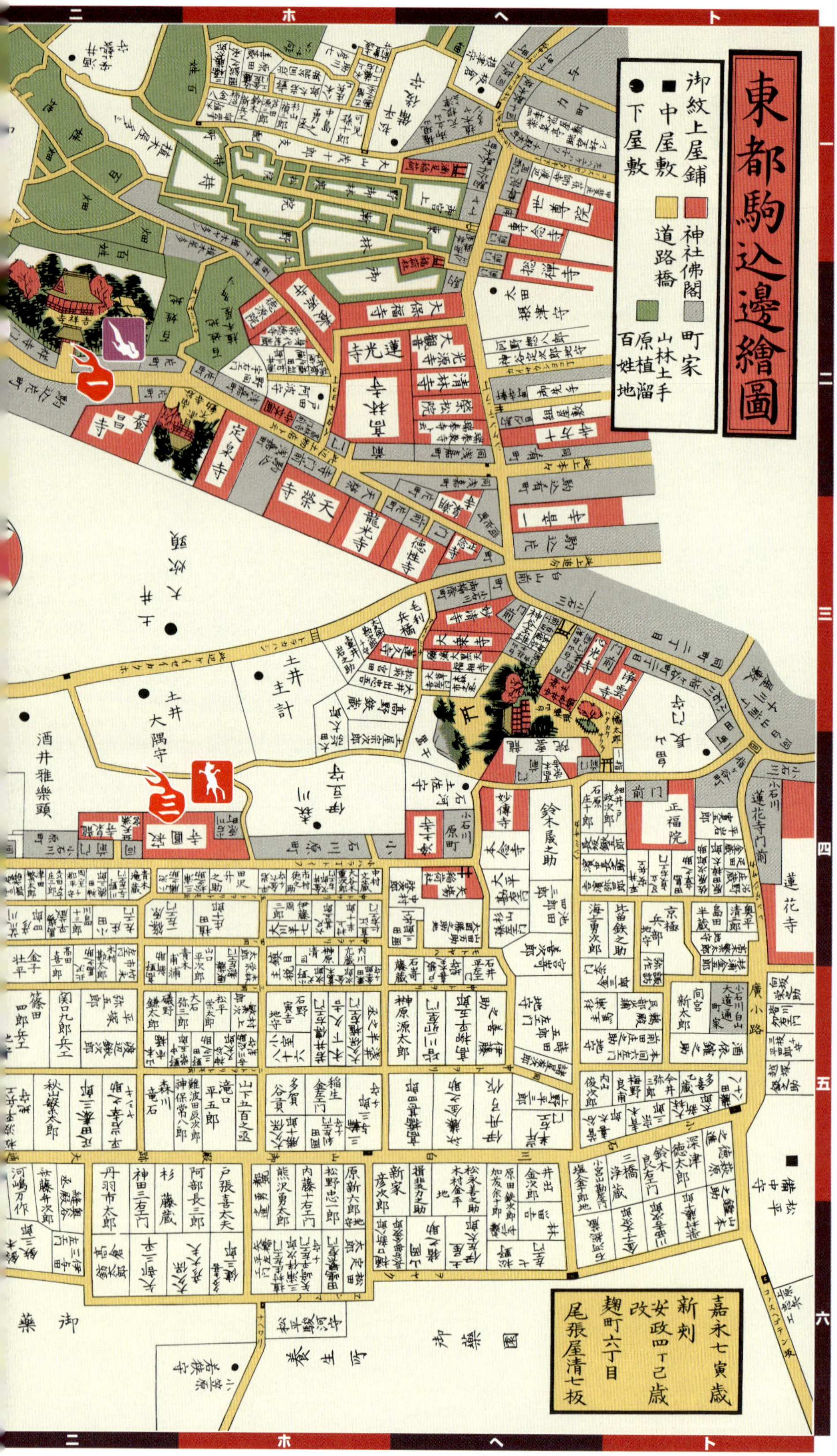

14 小石川谷中本郷絵図へ

13 東都小石川絵図へ

東都駒込辺絵図

吉祥寺・白山駅周辺

一 雷公は馬に乗り給うという話の事

駒込片町
文京区本駒込1
ニ－ニ D－3

巣鴨（㉘図　ニ－四）に大久保某という人があった。走らせた馬上から弓を射る騎射（きしゃ）を学んでいた。

享保年間（1716～36）の頃、たまたま騎射の稽古の帰り、同門の弟子のもとに立ち寄り、世間話などして、夕暮れ前にそろそろ失礼するということになった。その家の主人は、迎えも来ないし、雨模様でもあるので帰るのを待ったほうがいいと止めたが、「雷も鳴りそうだし、母が心配である。早く帰ってやりたい」と、馬に打ち跨り、騎射用の笠に合羽を羽織って帰った。

筋違御門（❺図　イ－一）のあたりまで来るととっぷりと日も暮れて、夕雨は激しくなり、しきりに雷も鳴る。馬を励まし、一散に帰路を急いだ。

駒込の町はどの家も戸を閉めていたが、一条の凄まじい雷鳴に馬が驚き、とある町家の戸を蹴破ってしまった。床の上まで突っ込んで、前足を上げてやっと止まった。それを引き出して返し、乗り切り、ようやく我が家に帰った。中間（ちゅうげん）たちは雷雨のため動きがとれず、夜分遅くまでいて帰ったほどである。

しかし、偶然の事故であるとはいえ、町家の戸を蹴破ったことを気の毒に思い、「行って様子を見てきてくれないか」と翌日、家来に命じた。

その家来が帰って来て大笑いしている。「昨夜、雷が駒込片町に落ちたと、あの辺ではもっぱらの噂になっている。何軒目の何やらの商売の家に落ちたということなので、それは何時頃か、と尋ねると、五つ刻（午後七～八時頃）の時分である、という。落ちた証拠というものが凄い。まず、雷の落ちた家の戸が蹴破られている。世にいう雷とは連鼓（れんこ）を背負い、鬼の姿をしている、という。絵にも描かれ、木像にも刻まれているが、あれは大きな間違いである。昨夜、目の当たりにした雷公は、馬に乗り陣笠（じんがさ）のような物を被っていた。落ちてからしばらくして馬を引き返し、また雲の中に轡（くつわ）や蹄（ひづめ）の音をさせて消え、天に昇っていくうちにだんだんと遠くなっていった」という噂になっている、というのである。「それならば、雷の仕業と錯覚しているのだな。本当のことを言えばかえって興が冷めるというものだ」と済ましてしまった、という。

『古今百物語評判』より（国立国会図書館）

二 猫人につきし事

駒込
豊島区駒込～文京区本駒込・千駄木 ハー二 D－2

猫が人に化けるといった話について、ある人はこう語った。重大な物事は、心静かに思慮深く考えたうえで、取り計らうものである、と。

さて一般に、猫が憑くということはあるものである。駒込あたりの同心の母親が、息子が昼寝している最中に、表を通った鰯(いわし)売りを呼び、鰯の値段をつけて片手に銭を持ち、「この鰯、残らず買うから値段をまけてくれ」と言った。鰯売りは、その銭を見て「それっぱかりの銭では残らず売ることはできない。値段もまけることはできない」と嘲笑した。「いいえ、残らず買う」と老女は憤然と言い放った。その顔は猫となり、口は耳元まで裂けて、振り上げた手のありようも凄まじく恐ろしい。鰯売りはあっと言って荷物を捨てて逃げた。その物音に息子が起きて、母親がまったくの猫そのものに見えたので「母親の体を猫に盗られてしまったか」と枕元の刀で斬り殺してしまった。近所の人が駆けつけたとき、死体は猫ではなく母親そのものであった。鰯売りも戻ってきて「猫に間違いない」と言ったが、顔も体も母親であるので、仕方なくこの息子は自害した、という。「猫が憑いた、といっても慌ててはいけない」とは、ある人の語ったことである。

三 死馬怨魂の事

寂圓寺
文京区白山4 ニー四 D－5

小石川寂円寺は、私の部署で常勤の山崎某の菩提寺(ぼだいじ)である。その寂円寺で話したことがある。

姫路の藩中に村田弥左衛門という者がいた。その娘十六、七歳、なかなか綺麗で嫁に望まれることも多い。けれども、しばらく病いがちとなり、両親はずいぶんと心配した。そのうち乱心したのだろうか奇妙なことを口走り、何か怨恨がある様子なので、加持祈祷(かじきとう)を依頼したがはっきりしない。これは狐狸(こり)妖怪のしわざかと、娘を責めて聞くと「私は狐狸の類ではない。この者の祖母は家中の大河内帯刀の娘。私を非情にも殺した女だ。この家に祟(たた)り、この娘を殺し、血筋を断とうとしているのだ」などと口走るのである。「いったい誰のどんな恨みなのだ」と訊くと「この家に飼われていた馬である。年老いて乗馬の役にも立たず、草踏むこともできなくなった。するとこの者の祖母は、『老いてしまった馬はどうしようもない。野に放ち捨てよ』と言ったのだ。私は厩橋天狗谷という所に捨てられ、ついに餓死したのだ。有用のときは愛し、無用になれば仁も徳もないやり方を怨む。その恨みの報いを受けよ」と、口走る。そこで理を分けて話し、追福の供養などをしたところ娘はやがて快癒したという。

親の因果で馬にされてしまった僧
『奇異雑談集』より（国立国会図書館）

28 染井霊園・王子駅周辺へ

㉘ 染井王子巣鴨辺絵図

29 根岸谷中日暮里豊島辺図へ

27 東都駒込辺絵図へ

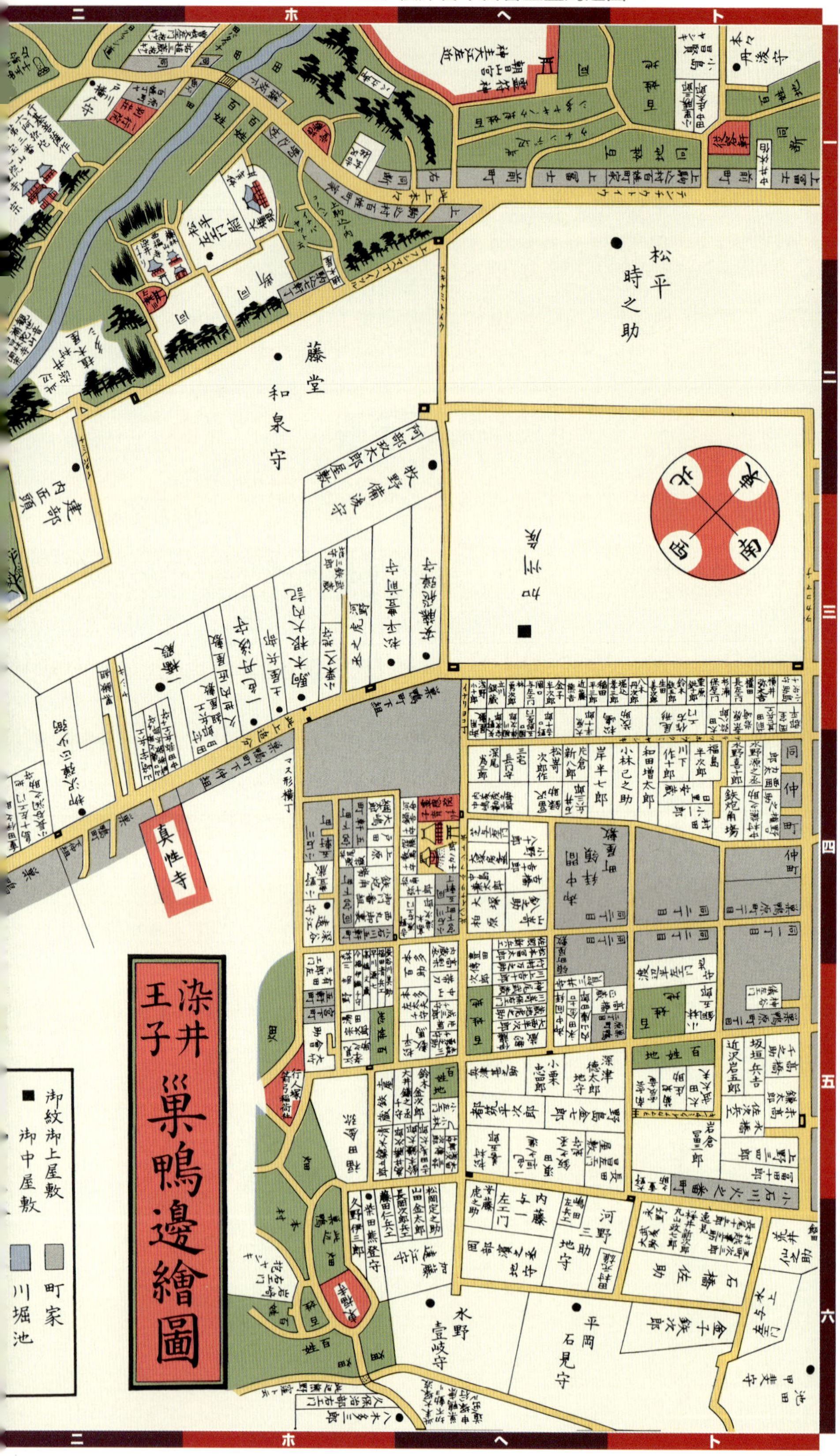

染井王子巣鴨辺絵図

染井霊園・王子駅周辺

一 板橋辺縁切り榎（えのき）の事

板橋上宿
板橋区本町　イー六　A－4

本郷（⓮図）あたりに、ひとりの医師が住んでいた。評判もよく患者も多いので、なかなかの暮らしぶりであったが、どこか残忍な性質があった、という。この医師、貞節で誠実な妻があるのに、とある下女と男女の関係になった。妻は偕老同穴の契りあるといえども、ことさらには嫉妬（しっと）もしなかった。ところが、下女のほうは日に日に驕慢（きょうまん）になっていく。医師も下女を可愛がるままに、だんだん家業もおろそかになり、患者の家との連絡もなくなり、往診などしなくなっていった。

日に日に家風も衰えていくので、妻はこれを嘆き、幼年のうちから世話をしてきた弟子にこのことを話すと、この正直者の弟子は、自分も以前から心配していた、と共に苦慮するのであった。そこで例の下女の家の者に、内々に「言いたいことがある」と伝えたが、何の反応もなく月日が過ぎていった。

ある日、弟子がふと町方へ出たとき、板橋に縁切り榎という一樹があると聞きこんだ。この皮を与え食わせれば、どんな関係もたちまち呉越のごとく敵同士となり、仲違いする、というのである。

さっそく医師の妻に話すと「どうか、その榎の皮を取ってきておくれ」という仕儀になった。弟子は密かに板橋に行って、榎の樹皮を剥（は）がして持ち帰り、粉末にして、医師と下女にすすめようと相談した。翌朝、朝食のとき、医師がいつも好んで食う羹（あつもの）の中にこれを入れた。ところが調理場で働く男がこれを目撃し、毒を盛ったかと疑ったのである。手水（ちょうず）の水を入れる振りをして庭に回り、そっと医師にこれを告げた。

さて、膳に座った医師は羹には手を付けない。「前から大好きだったではありませんか」としきりに妻がすすめるので、余計にこれを避けて食べない。妻は「これほどすすめているのに食べないのは、もしや毒でも入っていると疑っているのですね。それでは私の立つ瀬がありません」と、なおもすすめた。医師は言葉を荒げて忌避（きひ）するので、妻も腹を立てて「毒があるかないか、私が食べて証明します」と羹を食べてしまった。

縁切り榎の不思議さ、計画は破れたうえ、羹を食べたこの妻はやがて離縁したという。

えんじゅの木の邪神『太平百物語』より（国立国会図書館）

① 平塚社

北区上中里1　ハー一　F－2

武蔵野台地東部で最も古い豪族、豊島氏による建立。豊島氏は太田道灌によって滅ぼされるのだが、百年後の戦国期、その一支族が初めて「日の丸」をデザインした旗印を使った。

② 板橋上宿（縁切り榎）

板橋区本町　イー六　A－4

幕末、公武合体政策のため天皇の妹、和宮は中山道を江戸に下った。このとき板橋宿の大榎は菰むしろですっぽり包まれていた。それは縁切り榎の名称で離婚祈願の信仰対象だった。

「江戸名所道外尽　十六　王子狐」（国立国会図書館）

王子の狐

王子稲荷（1）は関東八ケ国（上野、下野、常陸、下総、上総、安房、武蔵、相模）の稲荷狐を司る（関東総社）。参集する狐たちが束帯に衣装を改めた所に立っているのが装束榎。昭和四年（1929）の道路拡張の際に榎は切られてしまったが、この榎を記念して装束稲荷社（2）が場所を移して建てられている。

王子稲荷神社

とにかく大晦日に集まる狐火の数はおびただしく、人はその動き方で翌年の吉凶を占った。稲荷信仰は稲穂をはじめとする五穀の豊穣から衣食住の安定願望、それが各家の屋敷神、さらに民間の社長室にも祀られるようになった。

王子稲荷の由来譚には人間女性と雄狐の交流がある。王子稲荷を深く信仰する高位の女性を慕う野狐がいて、その女性が没した後、王子稲荷をその人のごとく敬ったのでついに遣い神と化したという。

本地垂迹説では稲荷権現の本地仏が荼吉尼天。荼吉尼天の原典はヒンズー教のダキニー神、美貌の鬼女として妖しく出現する。天竺から日本にやってきた金毛九尾の妖狐は、美女玉藻前に化け鳥羽上皇を惑わせた。しかしまた、娼妓に化けた狐が逆に遊び人に騙されるという落語「王子の狐」もあり、狐は庶民の身近な存在でもあった。

㉙根岸谷中日暮里豊島辺図

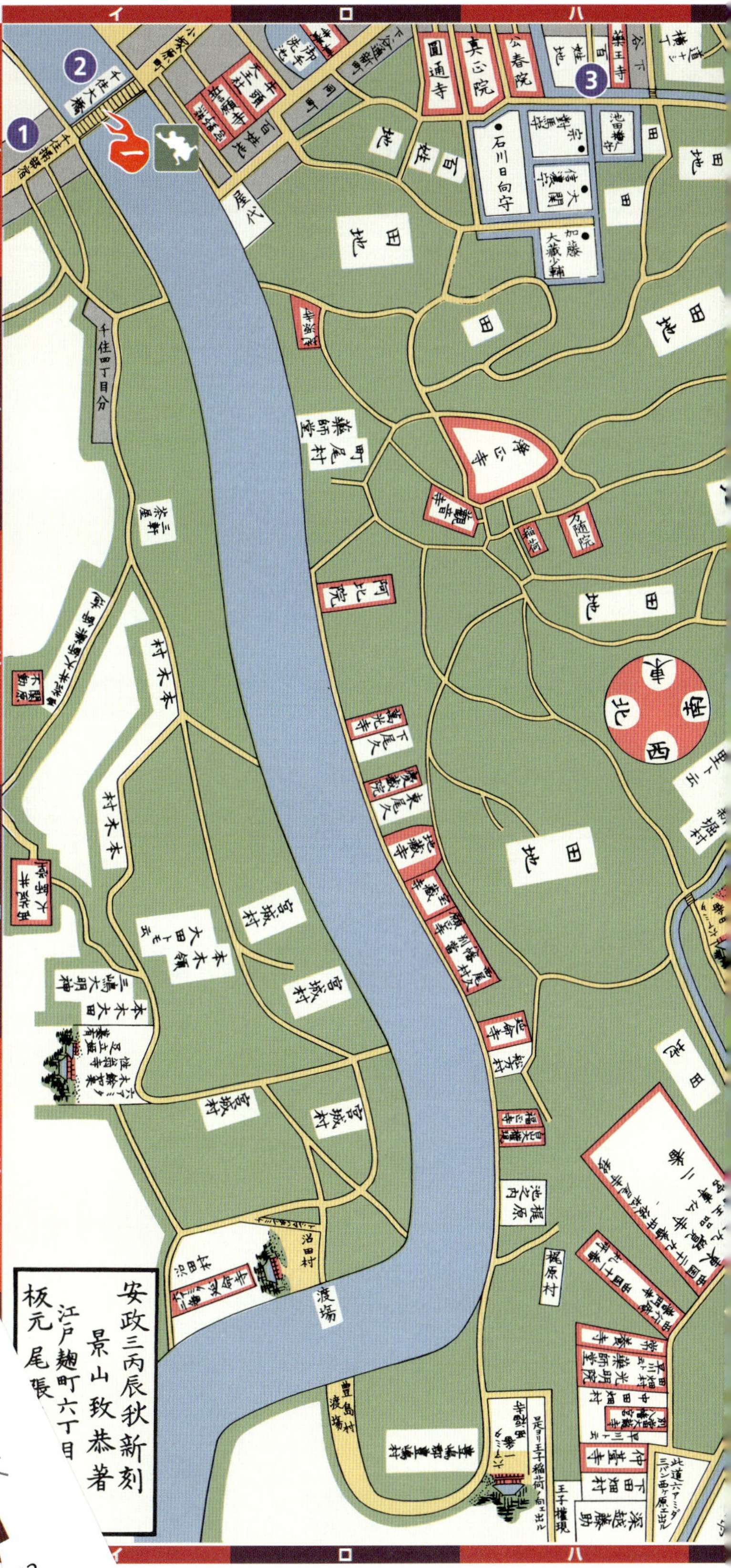

17 今戸箕輪浅草絵図へ

15-2 東都下谷絵図へ

14 小石川谷中本郷絵図へ

27 東都駒込辺絵図へ

28 染井王子巣鴨辺絵図へ

根岸谷中日暮里豊島辺図

日暮里駅・北千住駅周辺

『狗張子』より（国立国会図書館）

一 下賤の者は心ありて召仕（めしつか）うべき事

千住大橋
荒川区南千住７
イーー　E－2

ある人に長い間仕えた、たいへん実直な中間（ちゅうげん）がいた。

ある年、主人が知行米の当たり番となり、相応の金子（きんす）を受け取りに札差のところに行かねばならなくなった。しかし、設備配置などの差配があって行けず、この中間に手紙を持たせ、金を受け取りに使わした。

ところが翌朝になっても帰って来ない。さては金を持ち逃げしたかと疑いもしたが、いやいや長年仕えている者だし、出奔などするはずはない、と思い直した。しかし、時間が経つにつれ「やはり逃げたか、人というものは判らないものだ」と後悔などしていた。

ところが、昼過ぎになって、中間はひょっこり帰って来て、懐中から金子と札差の書付などをきちんと取り揃えて、主人に渡した。「どうしてこんなに遅くなったのだ」と訊くと、この中間の申すには「私を首にしてください」とのこと。驚いて「どういうことだ」と詳しく尋ねると、「今後もこういうことが起きると思う。どんなに律儀に仕える者でも、中間などに金百両などというものは持たせるものではない。私は長い間、懇意に使っていただいたが、邸内で奉公しているうちはこの屋敷から逃げたりなど考えもしないが、昨日、札差から金子百両を預かって、帰り道つらつら思うに、貧乏に生まれてこれまでこれほどの大金を持ったことがない。また今後、これほどの大金に出合うこともないだろう。いまこれを盗み取って逃げれば、生涯暮らしていけるだろう、と、江戸表を立ち退くこと心に決めて千住筋まで行き、大橋を越えた。しかし、つくづく考えれば、わが主人は私を実直な人間と見極めて信用したからこそ、大金受け取りの使いに出したのだ。それを裏切り盗むというのは、天命主命に背くおそるべき大罪。慎むべき、と思い箕輪（⑰図　ホー二）まで戻ったが、また欲心が出て、とかく私らの身分の世渡りは百両あれば充分、などとまた立ち戻り、あるいはまた思い直して立ちすくみ、など繰り返して迷いぬき、何重にも神仏の加護に見放される恐ろしさに、結局、善の心が勝ち、決心していま帰ってきた。一度とはいえ、このような悪心の出る者は、もう使うべきでないから、暇をいただきたい」と言う。

主人はまことに感心して、以後、長く厚遇した、という。

1 千住宿

足立区千住～千住橋戸町　イー一 E－2

日光東照宮が造営されると奥州街道が日光街道ともなり、千住がその最初の宿となった。当初は隅田川の先だったのが、栄えるにつれ大橋手前まで拡大した。宿屋数約六十軒。

2 千住大橋

荒川区南千住７　イー一 E－2

大橋には橋脚の間が一ヶ所だけ広いところがあった。それはその下に大亀の甲羅があって杭を立てられなかったからとも、鐘ケ淵辺に棲む大緋鯉が通り抜けられるようにしたためともいう。

3 薬王寺

台東区根岸5　ハー一 F－2

「背向地蔵」と呼ばれる地蔵がある。もとは奥州へ向かう街道沿いにあったが、新しい道ができて後ろ向きになったため、新道に向け直したところ、一晩で元通り背を向けていたという。

4 天王寺

台東区谷中７　ヘー三 G－4

富くじ興行を許された大寺で、維新後、境内が谷中公共墓地になった。寺の西、瑞輪寺に妖怪図の祖、室町期土佐派の「百鬼夜行絵巻」を明治の感覚で継承描写した河鍋暁斎（狂斎）の墓がある。

三遊亭円朝と怪談牡丹灯籠

「名人大円朝」は維新のとき三十歳。創作人情噺、怪談噺のなかでも有名なのが『怪談牡丹灯籠』である。若者は生きた美女を抱擁しているのだが、それは実は愛する思いから亡霊になって通ってきていた骸骨だった。怖いのは噺がこれで終わらないところ。事実を知って護符を張りめぐらす若者を、亡骸が恨めしがり、ついに謀って取り殺すにいたる。闇夜に妖しの美女が近づいてくる下駄の音、「カランコロン」の響きに満座が静まり耳を澄ました。その口演速記を参考にして書かれたのが、言文一致体の最初の作品とされる二葉亭四迷の『浮雲』、明治二十年（1887）のことである。円朝は最後の高座に『牡丹灯籠』を口演、明治三十三（1900）年に没した。その墓のある谷中全生庵（1）は円朝の集めた幽霊画によって幽霊寺の別名がある。毎年、八月十一日の円朝忌にそれら幽霊画が公開されている。

月岡芳年「新形三十六怪撰　保多舞とうろう」（国立国会図書館）

㉚ 隅田川向嶋絵図

平野
(一)
島根
(一)
島根
(三)
島根
栗原
(一)
東武大師線
西新井
(六)
西新井
(七)
江北
(六)
鹿浜
(二)
鹿浜
(三)

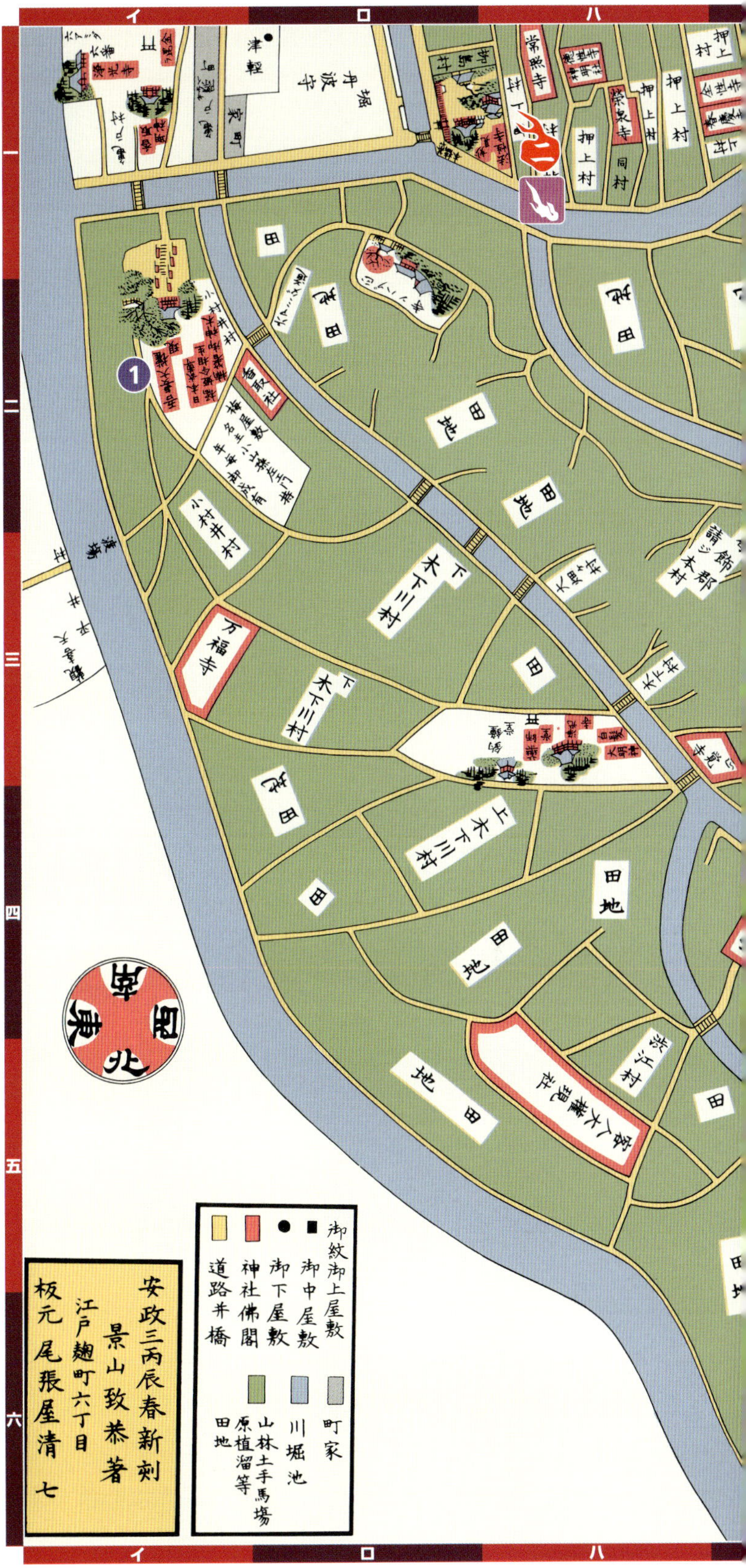

イ
ロ
ハ
一
二
三
四
五
六
津軽
丹波守
堀
田
田地
小村井村
下
木下三村
下
木下三村
上
木下川村
万福寺
渋江村
香取社
請地村
葛飾郡
寺島村
押上村
同村
常泉寺
宮ノ大権現社
西
北
東
南
御紋 御上屋敷
御中屋敷
御下屋敷
神社佛閣
道路并橋
町家
川堀池
山林土手馬場
原植溜等
田地
安政三丙辰春新刻
景山致恭著
江戸麹町六丁目
板元 尾張屋清七

8-2 本所絵図へ
18-1 本所絵図へ

16 東都浅草絵図へ
17 今戸箕輪浅草絵図へ

隅田川向嶋絵図

……………… 隅田公園・東向島駅周辺

一 計らず詠める歌に奇怪をいう事

水戸殿
墨田区向島1　トー F-3

常陸国水戸（茨城県水戸市。水戸殿の国元）の史館万葉方を勤める小池源太左衛門は和歌を嗜む人であった。先年、日野一位資枝の門弟となり、歌道にますます精進した。日野家ではその真面目さや才能を認め、口伝を受けるということも考えられるまでになった。そこで修行の時間を願い出て上京し、一年の随身をし、大事な奥義の伝授を受けたとも聞く。

文化三、四年（1806・07）の年だったか、水戸神応寺（水戸市元山町）の境内にある雷神の社へ和歌の奉納があった。その際、源太左衛門が、「雨雲を　わけいかづちの　神よそも　ふりすてずいま　守りましてよ」という和歌を詠じたが、この和歌で病人が平癒するという噂が飛び、この和歌を貰いに来る者が続出した。天地が紅の半切紙を細く切って短冊にしたものに書くと、筆、墨、紙の費用に金八両ほどかかる。もとより御礼や進物を受け付けぬ人物なので、隣の町人がこれを売り出すと、書くのも間に合わないほどの盛況となった。そこで今度は板に刻して刷ると、近辺はもちろん奥羽や総野（上総・下総・上野・下野）の国からも来るのである。日によっては二千人もやって来て、札参りして、雷神に参詣し、賽銭、奉納も多くなり、和歌を刷って渡す者は有徳であるということにもなった。「こんなことは山師の商売ではないか」という者もあったが「いや小池と言う人は愚直なまでの真面目、そんなことはない」と切り返された。

さて近隣に、由緒正しい水戸の医師があり、そこより谷中善光寺坂（⑭図へ一六）の医師、大内意三へ書簡が届き、人がそれを携えて来たので、ここに記録しておく。

二 押上妙見鐘銘奇談の事

法性寺妙見
墨田区業平5　ハー E-2

御書院番や御徒頭そして御目付を歴任した三枝帯刀という人物があった。以前、柳島妙見堂の鐘楼建立の際には、若輩だったこの人も寄進をした。鐘の銘に施主の名前がたくさん彫り付けられたなかに三枝帯刀の名も並んだのである。寺方としては寄進者の順を考えもせずに、一列に、役者の市川団十郎などと同じように彫り付けた。当人はどうかな、とは思ったが、まあいいかと、ほうっておいた。

そうこうするうちに、御目付の大役を受けることになったので、勤務に差支えがあるかとも思い、寺と相談し、いろいろ話し合ううち、心得のある者が、三枝の三の字の真ん中に縦に棒を引き、点を加え、玉という文字にして、そのうえ帯刀の刀の字の左に目の文字を扁として加え、助とした。つまり玉枝帯助となったわけである。いまもその通りになっているが、助の字の扁である目が横に少し寄ってしまっている、という。横田袋翁が確認してきたと、語ったことである。

① 吾妻大権現（あづまだいごんげん）

墨田区立花 1　イ―二 D―2

日本武尊が東征で木更津に渡る途中、暴風雨にみまわれた。妃の弟橘媛はそれを鎮めるために自ら身を投げ、その遺品がこの地に流れつき、塚に葬ったという伝説が残る。現在の吾妻神社。

② ミメグリ稲荷社（みめぐりいなりしゃ）

墨田区向島 2　ト―二 F―3

旅の僧が打ち捨てられていた社を再建しようとしたら、土中から白狐にのる翁像が出てきた。と、どこからともなく白狐が現れ、その像を三周して消えたという。神社名称の由来である。

③ 長命寺（ちょうめいじ）

墨田区向島 5　ヘ―三 F―3

長命寺の寺男が売り出して大当たり、名物となった桜もち。その孫娘、山本屋お豊は美しく、店はいよいよ繁盛。そしてお豊は黒船来航時の老中、阿部正弘の側室に迎えられた。

④ 水神（隅田川神社）（すいじん（すみだがわじんじゃ））

墨田区堤通 2　ト―六 E―5

亀の背に乗ってきた水神を祀る、隅田川沿岸の総鎮守。古くから船頭たちからの信仰が厚い。源頼朝が関東下向の際、無事の渡航を感謝し、社を造営したといわれている。

⑤ 木母寺（もくぼじ）

墨田区堤通 2　ト―六 E―5

天台宗の古刹で、浄瑠璃などの題材となった「梅若伝説」発祥の地。寺内に梅若塚がある。寺名も梅の字を偏と旁に分けたことに由来する。京の公家の子、梅若丸は人買いにさらわれ奥州への途次、この渡しで息を引きとった。哀れんだ里人が塚を築き念仏をとなえていると、遊芸女が訪れた。その女こそ我が子を追い求めてきた母だった。その日はちょうど祥月命日、母は妙亀尼となり子の菩提を弔ったという。対岸の妙亀塚公園（台東区橋場 1）は母、妙亀尼が後世を弔った地といわれており、園内に妙亀尼を葬った妙亀塚が祀られている。

大蘇芳年「東名所墨田川梅若之古事」（国立国会図書館）